NE
PAL
INSIDER-TIPP
Deine Abkürzung ins Erleben!
Reisen mit MARCO POLO
Insider-Tipps

MARCO POLO TOP-HIGHLIGHTS

ALTSTADT KATHMANDU ★1

In Kathmandus engen Gassen und auf den lebhaften Märkten leben Legenden und Sagen in der Gegenwart fort

➤ S. 46, Kathmandu & der Osten

SWAYAMBHUNATH ★2

Die tiefreligiöse Stimmung rund um den ältesten Stupa Nepals sucht ihresgleichen

➤ S. 48, Kathmandu & der Osten

BHAKTAPUR ★3

Das atmosphärische Töpferzentrum des Kathmandutals ist auch berühmt für seinen Königsjoghurt

📷 *Tipp: Die in der Sonne trocknenden Ziegel und Töpfe am Pottery Square ermöglichen dir ein Spiel mit Farben und Formen*

➤ S. 67, Kathmandu & der Osten

CHANGU NARAYAN ★4

Wohltuende Ruhe herrscht am wenig besuchten historischen Tempel mit der ältesten in Nepal überlieferten Inschrift – seit 1500 Jahren prangt sie auf einer Steinsäule

➤ S. 71, Kathmandu & der Osten

BOUDHANATH ★5

„Om mani padme hum“: Im religiösen Zentrum der Tibeter und wichtigen Wallfahrtsort beeindruckt der größte Stupa Nepals (Foto)

📷 *Tipp: Von den Dachterrassen vieler Cafés machst du Bilder aus der Vogelperspektive*

➤ S. 63, Kathmandu & der Osten

PASHUPATINATH 6
Am heiligsten hinduistischen Tempel mit Feuerbestattungen am Ufer des Flusses Bagmati umfängt dich eine ganz besondere Atmosphäre

Tipp: Foto gegen Spende – für einen kleinen Obolus lassen sich die Sadhus gerne fotografieren

➤ S. 65, Kathmandu & der Osten

DHULIKHEL 7
Einfach mal ausspannen – bei Traumsichten auf den Himalaja und in einem verträumten Newar-Städtchen randvoll mit historischem Flair

Tipp: Am frühen Morgen ist der Himmel am klarsten und die Sicht auf das Traumpanorama der Achttausender des Himalaja am besten

➤ S. 72, Kathmandu & der Osten

PATAN 8
Die Stadt der Schönheit verzaubert mit buddhistischer Kultur und dem schönsten Durbar Square des Tals

➤ S. 73, Kathmandu & der Osten

JANAKPUR 9
Zauberhafte Stadt im Tiefland mit Indien-Flair: Tempel, Sadhus, Rikschas und Saris, die in allen Farben leuchten

Tipp: Auf den hinteren Galerien des Janaki-Mandir-Palasts verstecken sich bunte Wandmalereien

➤ S. 105, Das Tiefland

INDRA JATRA 10
Maskentänze und eine lebende Göttin machen das Fest zu Ehren Indras an Kathmandus Durbar Square zum großen Ereignis

➤ S. 123, Feste & Events

INHALT

INHALT

⏲ Besuch planen	Essen/Trinken
€-€€€ Preiskategorien	Shoppen
(*) Kostenpflichtige Telefonnummer	Ausgehen

(A2) Herausnehmbare Faltkarte
(0) Außerhalb des Faltkartenausschnitts

**BESSER PLANEN
MEHR ERLEBEN!**

Digitale Extras
go.marcopolo.de/app/nep

MARCO POLO

DIGITALE EXTRAS

DIGITAL NOCH MEHR ERLEBEN

Schneller in Urlaubslaune kommen.

Perfekt organisiert sein – vor, während und nach dem Urlaub.

Mit der MARCO POLO Touren-App und unseren digitalen Angeboten.

Noch mehr Trendziele, Inspiration und aktuelle Infos findest du auf **marcopolo.de**

Werde Teil unserer Reise-Community und folge uns auf **Instagram** und **Facebook!**

SO EINFACH GEHT'S

1. Website besuchen
2. Die digitale Welt von MARCO POLO entdecken
3. App runterladen und ab in den Urlaub

Alle Infos zum digitalen Angebot unter **marcopolo.de/app**

DAS BESTE ZUERST

Der Höchste der Welt trägt eine Wolkenkrone: der Mt. Everest

BEST OF BEI REGEN

SCHÖN, AUCH WENN ES REGNET

AUF NACH NEPALS HOLLYWOOD
Tauch ein in die bunte Filmwelt Nepals: *QFX Cinemas* zeigt in drei Kinos auch englische Filme – allerdings sind die einheimischen Produktionen herrlich exotisch und deshalb deutlich empfehlenswerter.
➤ S. 58, Kathmandu & der Osten

BÜCHER UND EINE TASSE TEE
Nimm dir Zeit und stöber im Sortiment von *Pilgrims Book House*, das neben Büchern auch Souvenirs anbietet.
➤ S. 56, Kathmandu & der Osten

DER BERG RUFT
Wer nicht in die großen Wände des Himalaja einsteigen will, verbringt bei Regen und tief hängenden Wolken eine spannende Zeit im *International Mountain Museum* in Pokhara. Nicht nur Bergsteigen ist das Thema, sondern auch das Leben der Menschen im Gebirge.
➤ S. 86, Pokhara & der Westen

SCHLECHTWETTER? MEDITIEREN!
Pranamaya Yoga betreibt im Dachgeschoss des Himalayan Java Coffee in Thamel sowie in Pokhara Studios, wo du schlechtem Wetter mit Meditation und Yoga begegnest.
➤ S. 58, Kathmandu & der Osten

SELBER NEPALESISCH KOCHEN
Social Tours bietet in seiner Go-Local-Reihe einen Kochkurs einschließlich Marktbesuch an, in dem gemeinsam *dal bhat, momos* (Foto) oder *aloo paratha* gekocht werden.
➤ S. 39, Kathmandu & der Osten

MEHR ÜBER NEPAL LERNEN
Die *VHS Bhaktapur* bietet Interessierten nicht nur Nepali-Kurse, sondern auch ein anderthalbtägiges Seminar, in dem Land und Leute näher vorgestellt werden. Dazu gehören auch ein kulinarischer Streifzug und ganz viele nützliche Alltagstipps.
➤ S. 70, Kathmandu & der Osten

BEST OF
LOW-BUDGET

FÜR DEN KLEINEN GELDBEUTEL

GELEBTE RELIGION
Besuch einen der ältesten und größten *bahals* der Altstadt Kathmandus, den *Itum Bahal* (Foto). Hinter einem Durchgang verbergen sich ein kleiner Stupa – und eine ganze Menge Leben. Eintritt wird nicht verlangt.
➤ S. 51, Kathmandu & der Osten

FINDE DEINE MITTE
Im *Himalayan Buddhist Meditation Center* kannst du kostenlos an einer Meditationsstunde teilnehmen und so in die religiöse Kultur des Buddhismus reinschnuppern. Eine Spende ist allerdings willkommen.
➤ S. 65, Kathmandu & der Osten

RELIGION MIT WEITBLICK
Der *Friedens-Stupa* in Pokhara bietet einen tollen Blick auf das Tal, die Bergkette und den See. Rund zwei Stunden dauert die Wanderung hin und zurück, der Eintritt in den Tempel ist frei.
➤ S. 91, Pokhara & der Westen

AUG' IN AUG' MIT BUDDHA
Viele Klöster und Tempel in der *Klosterzone in Lumbini* sind gratis zugänglich. Hier eröffnet sich dir eine einzigartige Möglichkeit, die vielfältigen Spielarten des Buddhismus auf einem Fleck zu erleben.
➤ S. 102, Das Tiefland

KURIOSES IN DER BIBLIOTHEK
In der *Kaiser Library* warten eine beachtliche Sammlung antiker Reisebücher, alte Gemälde und Bilder, antike Weltkugeln und im Erdgeschoss ein ausgestopfter Tiger auf dich.
➤ S. 53, Kathmandu & der Osten

WIE IM VOGELFLUG
Der Besuch des Tempels *Pilot Baba* im Süden Bhaktapurs ist nicht nur gratis, es gibt auch noch eine unvergessliche Aussicht obendrauf: der fantastische Blick von einem Hügelkamm auf die quirlige Stadt Bhaktapur.
➤ S. 71, Kathmandu & der Osten

BEST OF
MIT KINDERN

SPANNENDES FÜR GROSS & KLEIN

BESUCH BEI BATMAN

Eine Erkundung der dunklen *Chamero Odaar* oder Bat Cave ist eine spannende Exkursion für Abenteuerlustige. Schreckhaft darf man nämlich nicht sein, bei unzähligen an der Decke hängenden Fledermäusen.

➤ S. 91, Pokhara & der Westen

AUCH EVEREST-BEZWINGER HABEN KLEIN ANGEFANGEN

Die *Boulderwand im Gyan Mandala* lädt den Nachwuchs dazu ein, überschüssige Energiereserven passend zum Reiseziel abzubauen.

➤ S. 78, Kathmandu & der Osten

HALLO TIGER!

Hier kann der Nachwuchs die großen Tiere Nepals wie Bären, Nashörner, Tiger oder Hirsche ganz nah erleben. Eins ist aber auch klar: Nach europäischen Standards darf man diesen Tierpark nicht beurteilen.

➤ S. 77, Kathmandu & der Osten

DEM PAPIERMACHER ÜBER DIE SCHULTER GESCHAUT

Wie macht man eigentlich Papier? In der Werkstatt vom *The Peacock Shop* wird den Kids erklärt, auf welche Weise der Allerweltsstoff in Nepal aus der Rinde des Daphnestrauchs, der hier *lokta* heißt, hergestellt wird.

➤ S. 69, Kathmandu & der Osten

WILDER WASSERRITT

Jetzt wird's nass und aufregend: Bei einem dreitägigen *Raftingtrip auf dem Trisuli* tanzt das Schlauchboot über (leichte) Stromschnelle und sorgt für ordentlich Adrenalin.

➤ S. 37, Kathmandu & der Osten

DSCHUNGELEXPEDITIONEN

Du konntest ihn nicht erspähen, den König des Dschungels im Tiefland? Macht nichts, außer Tigern bietet der *Chitwan National Park* noch viel, viel mehr exotische Abenteuer (Foto).

➤ S. 103, Das Tiefland

BEST OF

TYPISCH

DAS ERLEBST DU NUR HIER

MEHR ALS REIS MIT LINSEN

Typisch nepalesische Gerichte und Spezialitäten der Newar werden im *Thamel House* in Kathmandu serviert. Das stilvolle Restaurant samt Bar befindet sich in einem schönen alten Newar-Gebäude.

➤ S. 56, Kathmandu & der Osten

KREATIVE SINNSUCHE

Wecke deine Kreativität: Einführungskurse in *Meditation*, tägliche *Yogakurse* oder kreativ beim Thangka-Workshop … da ist für jeden was dabei

➤ S. 22, 70, Kathmandu & der Osten, S. 103, Das Tiefland

HOCH AM HIMMEL

Paragliding ist ein Sport, der in Nepal immer beliebter wird. Vor allem in Pokhara erlebst du herrliche Bergpanoramen aus der Luft. Schön sind die Flüge auch über der Umgebung des Newar-Städtchens Bandipur.

➤ S. 88, 95, Pokhara & der Westen

DER ZAUBER URIGER HÄUSER UND GASSEN

Reich verzierte Tempel, Stupas, enge Gassen, alte Häuschen mit schön geschnitzten Fenstern – der besondere Charme Nepals. In dem kleinen Städtchen *Kirtipur* werden viele Riten und Traditionen noch heute von den Einwohnern gepflegt und gelebt. Ein Besuch bietet schöne Einblicke in die Newar-Kultur

➤ S. 61, Kathmandu & der Osten

BERGEINSAMKEIT VOR GROSSARTIGEM PANORAMA

Eine einzigartige Erfahrung für passionierte Trekker: Bei einer *Wanderung rund um den Manaslu* (Foto) erlebst du noch Nepals Ursprünglichkeit. Du bist auf einer alten Handelsroute mit traumhaften Landschaften entlang der Grenze zwischen Nepal und Tibet unterwegs und begegnest eher selten anderen Wanderern

➤ S. 97, Pokhara & der Westen

SO TICKT NEPAL

Durch Askese auf der Suche nach Erleuchtung: Sadhus, heilige Männer

ENTDECKE NEPAL

Nur scheinbar eine Idylle: Die meisten Menschen in Nepal arbeiten hart auf den Feldern

Nepal, der Paradiesvogel Asiens: „Märchenland", „geheimnisvolles Königreich", „Land der Götter" oder „Shangri-La", spirituelles Paradies. Es ist neben seiner Vielfalt und Schönheit die magische, mystische Atmosphäre, die Nepal als Reiseziel ausmacht. Wer mag da schon widersprechen, schon gar nicht die Nepalesen. Sie sind stolz auf ihr Land und lieben es über alles.

IN DER GEMEINSCHAFT LIEGT DAS GEHEIMNIS DES ALLTAGS

Nepal zelebriert jährlich mehr Feste als Kalendertage und hat die meisten Feiertage weltweit. Es gibt also immer was zu feiern im Land! Das Leben findet noch weitgehend auf der Straße, in den Gassen und in der Gemeinsamkeit statt, nicht in der Isolation im trauten Heim. Einsamkeit ist für Nepalesen unvorstellbar, Gemeinschaftsleben und Großfamilien sind die Norm.

Vorgeschichte
Viele Mythen bestimmen die frühe Geschichte Nepals, die weitgehend im Dunkeln liegt

563 v. Chr.
Siddhartha Gautama, genannt Buddha, wird in Lumbini, Südnepal, geboren

1200–1482
Königreich der Mallas im Kathmandu-Tal. Beginn des Kastensystems

1768
Der Eroberer Prithvi Narayan Shah gründet das heutige Nepal

1951
Shah-König Tribhuvan gewinnt mit Hilfe Indiens die Macht; das Land öffnet sich der Demokratie

EINE SACHE DES GLAUBENS

Täglich neu und mit großer Intensität gelebt wird die Religion. Die Menschen schöpfen aus ihr Kraft und Vertrauen in die Zukunft, und sei es im nächsten Leben. Der Glaube an Wiedergeburten ist im Himalaja selbstverständlich, Gottheiten leben überall, Buddhismus, Hinduismus und lokale Glaubensrichtungen verschmolzen teilweise miteinander. Auf jeden Fall aber ist Religionsausübung in Nepal eine vergnügliche Sache und entspricht in keiner Weise der ernsten Ehrfurcht des christlichen Glaubens. Pilger strömen in Scharen ins Land, darunter viele westliche Sinn- und Glaubenssucher, von denen so manch einer im Shangri-La hängengeblieben ist.

VON DER HEISSEN KORNKAMMER HINAUF INS HOCHGEBIRGE

Nepal lässt sich grob in drei Höhenstufen einteilen. Entlang der Grenze zu Indien liegt das subtropische Terai. Es war früher eine malariaverseuchte Fieberhölle, seit wenigen Jahrzehnten sind Malaria, Dschungel und wilde Tiere weitgehend verschwunden. Dafür lebt dort jetzt rund die Hälfte der nepalesischen Bevölkerung, überwiegend Hindus, aber auch Moslems. Die Kornkammer Nepals ist sehr heiß, weist eine hohe Luftfeuchtigkeit auf und wirkt ziemlich indisch: Mehr Rikschas als Autos sind unterwegs, viele Männer tragen *lungis* (lange Röcke), und ein großer Teil der Bevölkerung spricht Hindi. Das Mittelgebirge ist das Herzstück des Landes, mit Höhen zwischen 400 und 3000 m. Hier befindet sich das ursprüngliche, ländliche Nepal. Aber auch die Hauptstadt Kathmandu und das zweite Touristenzentrum Pokhara liegen hier. Die Winter im Kathmandu-

1960–1990
Rückkehr zum Ein-Parteien-System, 1979 bestätigt durch Volksabstimmung

1990
Blockade und Volksaufstand, Rückkehr der Demokratie

2001
König Birendra wird ermordet, sein Bruder Gyanendra tritt die Nachfolge an

2008
Nepal wird Republik, Abschaffung der Monarchie

April 2015
Ein starkes Erdbeben verwüstet weite Teile des Landes

2022
Grenzöffnung nach strikten Corona-Lockdowns

und im Pokharatal sind mild, die Sommer gemäßigt. In der Mittelgebirgsregion lebt ein weiterer Großteil der Bevölkerung, davon über 2,5 Mio. im Kathmandutal. Im tibetisch beeinflussten Hochgebirge finden sich nur knapp zehn Prozent der Gesamtbevölkerung – und die Lieblingsziele der Trekker und Bergsteiger. Um die Berge zu erreichen, muss man in tieferen Regionen aufbrechen und mehrere Kultur- und Vegetationsstufen des Landes durchqueren. Und genau darin liegt der Reiz: In Nepal ist der Weg und nicht nur der Gipfel das Ziel.

GROSSE ARMUT UND POLITISCHE INSTABILITÄT

Bei allem natürlichen Reichtum, gehört das Land wirtschaftlich zu den ärmsten der Welt. Das durchschnittliche Einkommen liegt bei etwa 2000 Euro pro Haushalt im Jahr, die ärmsten 20 Prozent der Bevölkerung haben gerade mal 730 Euro im Mittel. Leicht relativiert werden diese Zahlen dadurch, dass die meisten Nepalesen ein eigenes Haus bzw. eigene Felder haben. In einkommensschwachen Familien ist Kinderarbeit weit verbreitet. Politisch kommt das Land nicht zur Ruhe: 1990 lehnte sich das Volk gegen die absolute Macht des damaligen Königs auf, von 1996 an kämpften Maoisten zehn Jahre lang gegen die ihrer Meinung nach korrupte Regierung, ca. 13 000 Nepalesen fielen der Auseinandersetzung zum Opfer. Die Ermordung des Königs 2001 verursachte ein nationales Trauma, erst der komplette Rückzug der Königsfamilie konnte 2006 den Frieden wiederherstellen. Es folgten mehrere Jahre der politischen Neuorientierung, gekennzeichnet von regelmäßigen Generalstreiks und dem Fehlen einer Vision. Kaum eine Regierung der letzten Jahrzehnte blieb mehr als neun Monate im Amt. Tausende meist männliche Nepalesen verlassen seitdem das Land – zur Ausbildung nach Europa, USA, Australien oder Japan oder als sklavenähnliche Billigarbeiter nach Malaysia oder in die Golfstaaten.

ENTDECKUNGEN IN EINEM LAND VOLLER SANFTMUT

Am 25. April 2015 erschütterte ein Erdbeben der Stärke 7,8 das Land. Fast 9000 Menschen kamen ums Leben, rund 750 000 Häuser wurden komplett zerstört oder stark beschädigt. Der Wiederaufbau war dilettantisch, viele internationale Hilfsgelder kamen nie bei denen an, die sie gebraucht hätten. Und auch weiterhin sorgen Korruption und persönliche Rivalitäten der politischen Führung für Regierungskrisen und Parlamentsauflösungen, erst 2021 – mitten in der Corona-Krise – wurden Neuwahlen ausgerufen, die bis zum Redaktionsschluss dieses Bandes noch nicht stattgefunden haben. Und dann sind da ja auch noch Indien und China, die um Einfluss in Nepal ringen, das wie ein Puffer zwischen ihnen liegt.

Nepal ist beileibe kein Paradies, aber es steckt dank seiner Vielfalt voller Überraschungen. In vielen Gegenden ist der Tourismus der wichtigste Wirtschaftszweig, und der wurde von der Corona-Pandemie tief getroffen. Nepal wird sich wohl auch davon erholen – und trotz aller Probleme ein sanftmütiges Land bleiben, das nur darauf wartet, von dir entdeckt zu werden.

AUF EINEN BLICK

30.550.000
Einwohner

Australien: 26.200.000

123

Mobilfunkverträge
je 100 Einwohner
Deutschland: 129

50.000
Euro

kostet der (umstrittene) Aufstieg auf den Mt. Everest mindestens

147.181 km²
Fläche

Schweiz: 41.277 km²

HÖCHSTER BERG:
MT. EVEREST

8.848 M

Rund 7600 Mal wurde der höchste Berg der Welt bestiegen.

WÄRMSTER MONAT

JULI
24°C

BELIEBTESTER REISEMONAT

OKTOBER

12 UNESCO-WELTERBESTÄTTEN

Durbar Squares in Kathmandu, Bhaktapur & Patan, Boudhanath, Chitwan-Nationalpark, Kathmandutal, Lumbini, Mt. Everest, Nyatapola-Tempel, Bhaktapur, Pashupatinath, Sagarmatha-Nationalpark, Swayambhunath

KATHMANDU

Größte Stadt mit
1,5 Mio. Einwohnern

PKW PRO TAUSEND EINWOHNER: 4
(DEUTSCHLAND: 530)

NEPAL VERSTEHEN

WER IST WER?

Was für eine Vielfalt! Über 100 ethnische Gruppen oder Kasten mit rund 120 Sprachen gibt es in Nepal. Viele von ihnen leben in abgeschnittenen Tälern noch immer ihr traditionelles Leben. Das komplexe Zusammenspiel von Völkern und Kasten ist nur wenig erforscht, und die meisten Nepalesen wissen relativ wenig über die Kultur und die Bräuche anderer Gruppen, vor allem, wenn diese nicht unbedingt in der direkten Nachbarschaft wohnen. Selbst als jung gebliebener 40-Jähriger gilt man hier zudem fast als alt: Mehr als 50 Prozent der Nepalesen zählen gerade einmal 25 Lenze und weniger. Im deutschen Rentenalter sind gerade mal 5 Prozent der Bevölkerung.

GROSSE BILDUNGSLÜCKEN

Lesen und Schreiben ist in Nepal keine Selbstverständlichkeit. 53 Prozent aller Frauen und 29 Prozent aller Männer sind Analphabeten. Während die jüngere Generation in den Städten in der Regel schriftkundig ist, gibt es in den Bergen im fernen Westen hingegen Dörfer mit einer 99-prozentigen Analphabetenrate. Die Lehrer der kostenlosen staatlichen Schulen werden grottenschlecht bezahlt und sind entsprechend unmotiviert und zumeist auch schlecht ausgebildet. Wer's sich irgendwie leisten kann, schickt seine Kinder auf Privatschulen. Karriereoptionen für junge Leute mit eher handwerklicher oder praktischer Begabung gibt es kaum. Ohne die entsprechenden finanziellen Mittel geht aber auch für Akademiker gar nichts: Ein Studium kostet zwischen 3000 und 45 000 Euro.

AUF DEM WEG INS NIRWANA

Der Mahayana-Buddhismus glaubt an die göttlichen Kräfte in einem selbst, in die Entwicklung des Geistes, des Verstehens und der Vernunft sowie den Kreislauf der Wiedergeburten, aus dem es sich zu befreien gilt. Ein verantwortungsvoll geführtes Leben *(dharma)* kann das nächste Leben verbessern. Ziel ist Erleuchtung und das Eingehen ins Nirwana, das das Ende allen Leidens verspricht. Religionsstifter Siddhartha Gautama, genannt Buddha, wurde im nepalesischen Lumbini geboren.

FRAUEN HABEN'S SCHWER

Hindu-Frauen werden sehr respektvoll behandelt, stehen aber immer unter irgendeiner Fuchtel: zuerst unter der des Vaters, dann der des Ehemanns und der Schwiegereltern. Ehen werden meist arrangiert, die Braut wird Teil der Familie des Mannes und ist dann fürs Kochen und Wäschewaschen für die ganze Familie zuständig. Mit 25 gilt eine Frau in Nepal als alt und schwer zu verheiraten. Verheiratete Hindu-Frauen erkennt man am roten Puder im Haarscheitel. Oft werden Mädchen auch in indische Bordelle verschleppt.

Im fernen Westen gelten Frauen während ihrer Menstruation als unrein und dürfen sich nicht in der Küche

Kochen, waschen, einkaufen: Viele Frauen in Nepal sind auf traditionelle Rollen festgelegt

und oft auch nicht im Haus aufhalten. Viele Frauen schlafen in dieser Zeit im Kuhstall oder in kleinen Hütten im Wald – und das bei Temperaturen von bis zu 10 Grad minus, was tödlich enden kann. In den Städten findet man solche Vorurteile noch in abgeschwächter Form: Frauen dürfen während ihrer Monatsblutung nicht kochen oder den Tempel betreten.

HIMMELHOHE BERGE

Der Himalaja ist das höchste Gebirge der Welt. Acht der 14 Achttausender sind hier zu finden: Mt. Everest (8848 m), Lhotse (8516 m), Makalu (8463 m), Cho Oyu (8201 m), Dhaulagiri (8167 m), Manaslu (8163 m), Annapurna I (8091 m). Nach dem Everest ist der Kangchenjunga (8534 m) Nepals zweithöchster Berg. Zudem beherbergt das Land 47 Siebentausender und 156 Sechstausender.

GÖTTER ÜBERALL

Gottheiten gibt es viele im Hinduismus, letztendlich glauben die Hindus aber vor allem an die kosmische Kraft des Universums. Die Gottheiten auf der Erde verkörpern dabei Wiedergeburten dieser Urseele: Brahma ist der Schöpfer, Vishnu der Erhalter, Shiva der Zerstörer und gleichzeitige Erneuerer. Der Elefantenkopf gehört Ganesha, dem Sohn Shivas und Gott der Händler und Diebe. Aber auch ein Baum oder ein Stein hat etwas Göttliches – und zu gewissen Feiertagen im Jahr sogar die Straßenhunde oder das eigene Motorrad. Irgendetwas gibt es immer zu feiern. Gutes oder schlechtes Karma bestimmt die Wiederge-

Die Annapurna-Runde ist sehr beliebt, leicht zu begehen und voller Naturwunder

burt. Der Körper ist der vorübergehende „Tempel der Seele", der nach dem Tod durch Verbrennen in den Kreislauf der Natur zurückgegeben wird. ⚑ Was Meditation für den Buddhismus, ist Yoga für den Hinduismus. Im Gegensatz zu westlichen Yogaklassen ist Yoga in Nepal sehr spirituell (wenn auch nicht religiös). Frühmorgendliche Yogagruppen findet man in vielen Städten und mit Glück sogar in Dörfern.

VON KASTEN & ETHNIEN

Historisch gesehen gibt es einerseits ethnische Gruppen, die tibetisch-mongolischer Abstammung und ihrer jeweiligen Stammesreligion – oft eine Art des Buddhismus – zugehörig sind, wie etwa die Gurung, Tamang oder die Sherpa. Andererseits sind da die Khas, Newar und Madhesi, deren Zusammenleben seit jeher durch die Zugehörigkeit zu Kasten geregelt wird. 1854 etablierte der damalige Premierminister Jung Bahadur Rana ein Kastensystem, das alle Nepalesen in vier soziale Gruppen mit unterschiedlichen Gesetzen einteilt: *brahman* (Gelehrte), *chetri* (Krieger), *vaishya* (Bauern und Handelsleute) und *sudra* (Service, Unberührbare). Nach der Absetzung der Rana-Diktatur 1962 wurden alle Nepalis vom König vor dem Gesetz gleichgestellt, kastenbasierte Diskriminierung wurde verboten und Schulen und Ãmter für alle geöffnet. Obwohl heutzutage viele gebildete, junge Leute vorurteilsfrei sind, gibt es dennoch oft soziale oder sprachliche Ausgrenzung: Ehemals niedrigere Kasten sind im Demokratieprozess nach wie vor unterrepräsentiert.

MENSCH GEGEN TIER

Wie schützt man die Natur, ohne deren Bewohner gegen sich aufzubringen?

Bei der Einrichtung des Chitwin-Nationalparks 1973, des ältesten derartigen Schutzgebiets, wurden die Bewohner umgesiedelt, was zu viel bösem Blut führte. Inzwischen bietet der Tourismus jedoch bessere Verdienstmöglichkeiten als die Landwirtschaft und vor allem die jüngere Generation hat sich mit dem Naturschutz angefreundet. Anders im Sagarmatha-Nationalpark: Der ursprünglich durch die Dorfgemeinschaft erfolgreich verwaltete Wald wurde verstaatlicht, die Behörden bekamen jedoch die unkontrollierte Abholzung nicht unter Kontrolle. Erfolgreiches Beispiel ist die Annapurna Conservation Area, wo die lokale Bevölkerung ausgebildet und in die Verwaltung eingebunden wurde. Rund 23 Prozent der Landfläche stehen in Nepal unter Naturschutz *(dnpwc.gov.np)*, 21 Schutzgebiete wurden bis dato ausgewiesen.

DURCHWURSCHTELN

Nepal ist stark zentralisiert, was sich auf die Politik und Verwaltung auswirkt. Der Gang zur Behörde bedeutet oft eine mehrtägige Reise. Wer im fernen Westen des Landes wohnt, braucht folglich gutes Sitzfleisch und viel Zeit. Auch durch Wahlen und wechselnde Regierungen lässt sich das System, das von seit Jahrzehnten eingesetzten Zivilbeamten kontrolliert wird, so schnell nicht ändern. Ohne demokratische Kontrolle durch die lokale Bevölkerung gehen viele Beamten ihrer Arbeit einfach nicht nach, und der Korruption ist Tür und Tor geöffnet. Auch durch die letzten Wahlen von 2017 ist keine Stabilität

KLISCHEE KISTE

GIPFEL ÜBERALL

Nepal ist ein Land der Berge. Weshalb sich so manch ein Reisender fragt, ob er für die Höhe Kathmandus überhaupt gewappnet ist. Trekkingtouren über 5000 m hohe Pässe sorgen für Respekt. Dabei liegt immerhin ein Drittel des Landes nur knapp über dem Meeresspiegel, die meisten Städte befinden sich lediglich auf einer Höhe zwischen 0 und 1000 m. Selbst Kathmandu und Nepals zweitgrößte Stadt, Pokhara, liegen gerade mal auf 1400 bzw. 800 m. Wer nur im Terai unterwegs ist, wird bei diesigem Wetter bestenfalls ein paar kleine Hügel sehen. Flach ist es, das Land, zumindest im Süden.

ALLES GRAU IN GRAU

Das Kathmandutal mit seinen insgesamt 2,5 Mio. Einwohnern liegt unter einem Grauschleier aus Smog und Staub. Ja, Verstädterung und Verkehr führen dazu, dass rund um die Hauptstadt die Luftverschmutzung massiv und eine Atemschutzmaske keine schlechte Idee ist. Andererseits aber ist im nepalesischen Alltag von Grau keine Spur: Die Straßen und Tempel sind bunt bewimpelt, die traditionelle Kleidung der Menschen strotzt vor Farben, die Kioske, Straßenstände und Minibusse konkurrieren um den wildesten Farbmix.

Wie von einem anderen Planeten: weißes Yak in 5000 m Höhe vor einem der Gokyo-Seen

eingekehrt: Seit Nepal 2008 zu einer demokratischen Republik erklärt und die Monarchie abgeschafft wurde, gab es elf Ministerpräsidenten, von denen jeder im Schnitt ein Jahr im Amt war – und mit jedem Wechsel an der Spitze wird auch gleich das ganze Kabinett ausgetauscht. In Anbetracht dieser Vorgehensweise verwundert es wenig, dass kaum eine Regierung einen langfristigen Plan für das Land hat.

HEILIGE NATUR

Kühe sind heilig. Aber auch andere Tiere und Pflanzen werden im ganzen Himalaja-Gebiet verehrt. Von den Bäumen stehen Pipal und Banyan an erster Stelle. Der Rhododendron *(lali guras)* ist die Nationalblume.

Im Hochgebirge sind Yaks und Schneeleoparden, im Tiefland Panzernashörner, Tiger und Elefanten anzutreffen. Leoparden gibt es ebenfalls im Tiefland, aber auch im Mittelgebirge. Rhesusaffen flitzen in Kathmandu herum, die bildschönen Langurenaffen in den Bergen.

SCHON GEGESSEN?

Namaste! So begrüßt man Menschen, die man zum ersten Mal oder nach langer Zeit wieder trifft. Die Handflächen werden in Brusthöhe aneinander gelegt, wobei alte Menschen und Respektspersonen zuerst begrüßt werden. Menschen, die man regelmäßig trifft (wie etwa den Rezeptionisten im Hotel), nickt oder lächelt man einfach zu. Schon gegessen? Anstatt nach dem Befinden erkundigen sich Nepalesen je nach Tageszeit, ob man seinen Tee, sein Mittag- oder sein Abendessen denn schon gehabt hätte. Das Wort „danke", *dhanyabaad,* wird nur in Ausnahmefällen benutzt. In Nepal bedankt man sich mit einem Lächeln und einem leichten Wiegen des Kopfes. Ein separates „bitte" ist unüblich, auch die klaren Wörter „ja" und „nein" fehlen. Wenn dein Gegenüber sanft den Kopf schüttelt, verneint er nicht, sondern meint „ja, okay". Höflich ist es, Dinge und Geld mit der rechten Hand zu geben und zu nehmen.

WIE MAN SICH KLEIDET

Aus Indien kommt der anmutige *sari,* den viele Frauen tragen. Die newarischen Frauen des Kathmandu-Tals *(jyapus)* sind an ihren schwarzen *saris* mit rotem Rand zu erkennen. Tibeterinnen tragen lange, ärmellose, am Rücken zusammengebundene Kleider, darüber häufig eine bunt gestreifte Schürze. Moderne Alltagskleidung ist für junge Frauen eine *kurta suruwal,* ein modischer Dreiteiler aus Hose, Tunika und Schal.

Die tibetischen Männer sind in ein loses Gewand namens *chuba* gehüllt. Die offizielle Männerkleidung *(daura suruwal)* besteht aus einer Kappe *(topi)*, einem dunklen, westlichen Jackett, einem hellen, nepalesischen Hemd, das über dem Brustkorb zusammengebunden wird, und hellen, unten eng anliegenden Baumwollhosen.

BAUERN UD HÄNDLER

Nepal gehört zu den ärmsten Ländern der Welt. Industrie gibt es kaum. Mehr als 60 Prozent der arbeitenden Bevölkerung sind Selbstversorger. In ländlichen Gegenden sind 80 Prozent der Menschen in der Landwirtschaft tätig. Angebaut wird neben Reis, Mais und Weizen typisch Asiatisches wie Gelbwurz oder Ingwer.

Außerhalb der Landwirtschaft sind fast alle Unternehmen Kleinbetriebe, viele davon Krämerläden. Die gesamte Industrie in Nepal beschäftigt gerade mal 16 Prozent der Bevölkerung und wächst nur sehr langsam. Die meisten Waren kommen aus China oder Indien. Zurück schickt Nepal in erster Linie Teppiche, Metallprodukte, ausgewählte Lebensmittel und Kunsthandwerk. Der Landwirtschaftssektor trägt zu mehr als 25 Prozent zu den Exporten bei.

BÄR? ODER DOCH YETI?

Ob der sagenhafte Schneemensch wirklich existiert, ist eine Frage des Glaubens. Die Sherpas jedenfalls sind von der Existenz des mythischen Wesens überzeugt. Im Kloster Khumjung im Everestgebiet wird ein Yeti-Skalp aufbewahrt, der wohl aber in Wahrheit von der wilden Himalaja-Ziege Serow stammt. Der Extrembergsteiger Reinhold Messner vertritt die Theorie, dass es sich beim Yeti um den seltenen Tibetbären handelt.

ESSEN SHOPPEN SPORT

Typisch Nepal: bunte Souvenirs und Zeit für einen kleinen Schwatz

ESSEN & TRINKEN

Die Bezeichnung *dal bhat* (Linsen und Reis) für das Nationalgericht kam erst durch ausländische Besucher auf. Zuvor nannten die Nepalesen ihre Mahlzeiten einfach nur „Essen" oder „Reis", weil es streng genommen nur ein einziges Gericht gibt – Reis und Linsen, rote, gelbe, schwarze.

Je nach Geldbeutel, Jahreszeit, Anlass oder ethnischer Zugehörigkeit wird das Gericht ergänzt oder verändert. Die Beilagen werden als das bezeichnet, was sie sind: *aloo* (Kartoffeln), *kauli* (Blumenkohl) oder *masu* (Fleisch). Lediglich eine Festtafel hat einen gesonderten Namen, nämlich *bhoj*. Normalerweise wird zweimal am Tag, morgens vor zehn und abends gegessen – immer *dal bhat*. Desserts sind als Abschluss einer Mahlzeit nicht üblich. Sie werden vor allem bei festlichen Gelegenheiten und wenn Gäste eingeladen sind, zubereitet oder auf dem Markt gekauft. Neben regulären Mahlzeiten gibt es *khaja* (Snacks) – meistens am späten Nachmittag.

Frag außerhalb der Touristenorte und auf den Trekkingrouten einfach, ob es „Essen" gibt: „Khaanaa chha?" Du erhältst dann einen riesigen Berg körnigen Reis, ein Schälchen Linsensoße, die du über den Reis schüttest, etwas Gemüse sowie eine Portion achaar (sehr scharf gewürztes Gemüse oder sauer-scharf eingelegte Früchte), dazu ein Glas Wasser, das du aber besser nicht anrührst. Das Ganze nennt sich *dal bhat tarkaari* (mit Gemüse). Du bekommst von allem Nachschlag, bis du satt bist

Auch in Touristenrestaurants wird natürlich unvermeidlich *dal bhat* angeboten, allerdings fällt hier der Nachschlag aus. Es gibt in Kathmandu mehrere moderne und trotzdem architektonisch sehr authentische Restaurants, die ihren Gästen original ne-

dal bhat (li.) ist Nepals Nationalgericht, aber Ethnien wie die Tharu haben eigene Rezepte (re.)

palesisches Essen servieren, inklusive Nachschlag und *rakshi* (selbst gebrannter Schnaps).

INSIDER-TIPP
Jenseits der Linse

Lust auf frittierte Lunge im Teig oder rohes Büffelhack? Die abwechslungsreiche Küche der Newar bietet auch Ausgefallenes, und regt die Fantasie von Gästen und Küchenchefs gleichermaßen an. Vor allem in Kathmandu und Pokhara wurde die letzten Jahre viel mit den unterschiedlichesten Einflüssen experimentiert.

Gegessen wird mit den Fingern. Benutz dabei niemals deine Linke, in Nepal die „unreine" Hand, und berühr *niemals* das Essen, den Teller oder das Glas von Nepalesen! Für Hindus wäre das Essen damit *jutho* (rituell unrein). Die jüngere Generation und die tibetisch-buddhistischen Völker wie die Sherpas haben damit jedoch keine Probleme.

Solltest du privat oder offiziell eingeladen werden, komm nicht auf die Minute pünktlich. Der Abend vergeht mit Trinken und Häppchen, erst am Schluss wird für den dann großen Hunger gesorgt. Übe schon mal den Schneidersitz: Es wird auf dem Boden gegessen oder auf winzigen Hockern, mit dem Teller auf dem Schoß. Wohin mit dem Teller nach dem Essen? Falls vorhanden vorschriftsmäßig einfach unter deinen Hocker oder in eine Ecke stellen und dann sofort nach Hause gehen. Das Essen bedeutet das Ende der Einladung.

Bei privaten Einladungen kannst du erkennen, dass die Küche Nepals im Verborgenen blüht und vielfältiger ist als angenommen. Alle Völker Nepals haben eigene Vorlieben. So kann sich ein Newar ein Leben ohne *chiura*, Reisflocken, nicht vorstellen, ein Tieflandbewohner besteht auf *chapatis (rotis)*, kleine gebackene Fladen. Die

Wenn das Essen mal zu scharf ist: Lassi ist das perfekte Gegenmittel

tibetischen Völker im Gebirge ziehen *tsampa (dhindo)* – nahrhaftes, geröstetes Gerstenmehl, das mit dem berühmten Buttertee zu Klößchen geknetet wird – Yakfleisch, Kartoffeln, Nudeleintöpfe und *momos* (Teigtaschen) dem *dal bhat* vor.

Eine der Spezialitäten, die du nicht verpassen solltest, ist der *juju dahi* (Königsjoghurt) in Bhaktapur. Ähnlich den Winzern in Europa hat jede Familie ihr Geheimrezept, fast immer ist der Joghurt gezuckert, oft wird Kardamom zugefügt. Besonders cremig ist die Variante aus Büffelmilch *(baiseko dudh)*. Man erkennt die Joghurtläden, die meist nur etwas größer sind als die Kühltruhen, die sie beinhalten, an den gemalten Tonschalen über der Tür.

Nepalesen trinken gerne süßen Milchtee (vor allem morgens), Schwarztee und Wasser, tibetische Völker darüber hinaus Buttertee. In gewissen ethnischen Gruppen ist Alkohol verboten, in anderen wiederum integrierter Teil der Kultur. Einen über den Durst zu trinken kommt aber fast überall einem Gesichtsverlust gleich, da Alkoholismus vor allem in den Dörfern ein Problem ist.

Auch wenn du auf vielen Speisekarten westliche und chinesische Gerichte finden wirst, erwarte nicht zu viel von Pasta, Salat und Pizza. Mit dem Ansturm der chinesischen Touristen öffnete auch das eine oder andere annehmbare chinesische Restaurant seine Türen. Falls du Currys und Tandoori-Gerichte magst: Indische Küche ist weit verbreitet und eine nette Abwechslung.

Nepal ist kein Land fürs Nachtleben, und entsprechend hat die Küche vieler Restaurants auch nur bis etwa 21 Uhr geöffnet. Die meisten Lokale haben keinen Ruhetag, feste Öffnungszeiten sind allerdings selten, erkundige dich am besten vor Ort.

Bei aller Köstlichkeit der Gerichte solltest du aber auch ein paar wichtige Gesundheitsregeln beachten: Sei vorsichtig beim Genuss von Salaten, meide ungeschältes Obst, und trinke nur abgekochtes Wasser. Im Winter ist die Infektionsgefahr geringer als während der Monsunzeit.

Unsere Empfehlung heute

Snacks

PAKORA
frittiertes Gemüse oder Käse *(paneer, cheese)* in dünnem Teigmantel

MOMOS
tibetische Maultaschen, mit Fleisch oder vegetarisch

Suppen

KWATI
Suppe aus neun verschiedenen Bohnensorten

THUKPA
Eintopf aus Nudeln, Gemüse und Fleisch (tibetisch)

Beilagen

CHATAMARI
Reispfannkuchen

PAAPAD
knuspriges Linsenbrot, gebacken oder frittiert

Hauptgerichte

CHOYLA
gegrilltes und in Senföl eingelegtes scharf gewürztes Fleisch

DAL BHAT
Nationalgericht aus Reis, Linsen, *achaar* und Gemüsecurry

SEKUWA
Fleisch oder Fisch, im Tandoor gegrillt

SUKUTI
scharf gewürztes Dörrfleisch

Desserts

KULFI
Milcheis mit Pistazien, Cashewnüssen und Safran

LAPSI-CANDY
kandierte Fruchtsorte

DAHI
Joghurt

Getränke

CHHYANG
vergorenes Getränk aus Reis- oder Maismehl

DUDHKO CHIYA
Milchtee mit Zucker, oft mit Ingwer, Kardamom oder Zimt gewürzt

LASSI
süßes oder salziges Joghurtgetränk

SHOPPEN & STÖBERN

Die drei alten Königstädten Kathmandu, Patan und Bhaktapur animieren zum Kaufrausch.

Feilschen ist angesagt in Souvenirläden, bei Taxis und Rikschas (vorher!) und bei fliegenden Händlern. Aber niemals mit grimmiger Miene und nicht um den letzten Cent feilschen, du verlierst nur das Gesicht. Lebensmittel und Bedarfsgegenstände des täglichen Lebens haben feste Preise.

LESERATTEN MÖGEN'S GROOVY

Kathmandu ist ein Dorado für Bücher- und Kartenfreaks vorzugsweise für Titel aus und über Asien. Es gibt viele gute Buchhandlungen in Thamel und entlang der Lakeside in Pokhara. Das Secondhandsystem in Nepal ermöglicht es, ein ausgelesenes Buch zum Bruchteil des Neupreises zu erstehen. Bei (westlichen) Musik-CDs und DVDs handelt es sich oft um Raubkopien von teils schlechter Qualität. Groovy sind aber auf jeden Fall die verschiedenen Musikgruppen, die Jazz und traditionelle Musik zusammenbringen: Halte nach CDs von „Urjazz" und dem „Hari Maharjan Project" Ausschau.

JETZT WIRD'S KUNST

Populär ist die naive Malerei *mithila*, die von Frauen aus dem östlichen Tiefland stammt und ihre Motive aus dem Hindu-Pantheon, tantrischen Buddhismus und aus der Folklore nimmt. In verschiedenen Galerien stellen nepalesische und ausländische Künstler zeitgenössische Malerei aus. Viele Läden verkaufen hervorragende Fotografien von Land und Leuten. Das Kunsthandwerk, insbesondere Holz- und Metallarbeiten sowie Schmuck, hat eine jahrtausendalte Tradition.

YAKWOLLSCHAL GEFÄLLIG?

Ein handgestrickter Pullover ist zu Hause zu teuer? Dann schlag in Nepal

Was darf's sein? Typisch bunte Taschen (li.) oder buddhistische Thangka-Kunst (re.)?

zu, und deck dich gleich noch mit Socken, Mützen und Handschuhen ein. Frauen sei eine *kurta suruwal* ans Herz gelegt, ein maßgeschneiderter Dreiteiler ideal für die warmen Sommertage und schon für 20 bis 25 Euro inkl. Nähen zu haben.

INSIDER-TIPP
Warmes vom Yak

Die sehr empfehlenswerten Yakwollschals haben die Größe einer Kinderdecke. Der „nepalesische Mantel" ersetzt den Einheimischen die Softshell-Jacke und wärmt auch in kalten Nächten.

ALLES FÜR ABENTEURER

Trekkingkleidung und -ausrüstung gibt es in vielen Läden im Touristenviertel Thamel und in Pokhara. Preiswerte Stücke sind allerdings meist gefälschte Kopien. In Kathmandu und Pokhara bietet *Sherpa Mountain Equipment* *(s. S. 88)* eine Auswahl an lokal und fair produzierten Schlafsäcken, Daunenjacken und andere Bergsachen an.

IM ALLTAG EINKAUFEN

Damit die Kinder mal Obst essen: *Lapsis* schmecken ein wenig wie Gummibärchen und sind extrem Vitamin-C-haltig – das perfekte Mitbringsel, das sich in jedem Supermarkt und in besserer Qualität auch auf Straßenmärkten findet. Whiskyliebhaber werden sich über den rauchigen Old Durbar Black Chimney freuen. Schottisch im Geschmack, nepalesisch im Preis. Ein *bagh-chal*-Set, meist kunstvoll geschnitzt, ist für alle Brettspielenthusiasten das ideale Geschenk. Lebensmittel für den täglichen Gebrauch findet man in den *pasals*, den kleinen Geschäften, die es in jeder Nachbarschaft gibt. Wer lieber westlich einkauft, findet aber auch Supermärkte, die dasselbe Sortiment haben – nur eben doppelt so teuer wie in den *pasals*.

SPORT

Ob Canyoning oder Rafting, Klettern oder Abseiling: Nepals sportliche Facetten sind so vielfältig wie das Land. Nicht nur Trekking und Bergsteigen stehen bei Nepal-Besuchern hoch im Kurs.

Wenn du Lust auf Abenteuer hast, dann kommst du auch bei Wildwasserfahrten, Canyoning und Paragliding auf deine Kosten. Nicht nur für Mountainbiker ist das Land ein Radparadies und es ist durchaus möglich, Nepal mit dem Trekkingrad zu durchqueren, ohne von einem Laster erwischt zu werden oder der Höhenkrankheit zum Opfer zu fallen. Das weitläufige Hügelland bietet viele Optionen für Tagesausflüge oder leichte Wanderungen für ein paar Tage. Das größte Freizeitangebot findest du in Pokhara. Die meisten Unterkünfte bieten Ausflüge und Touren an. Frag einfach an der Rezeption und achte auf entsprechende Aushänge..

BUNGEE-JUMPING

Der Kick eines Bungee-Jumps wird vor einzigartiger Kulisse noch deutlich gesteigert: 160 m über dem reißenden *Bhote-Koshi-Fluss* geht es in der Nähe der tibetischen Grenze (dreistündige Busfahrt von Kathmandu) in die Tiefe. Der Sprung inklusive Transfers und Mittagessen kostet rund 60 US-$, du kannst ihn durch andere Aktivitäten ergänzen oder zu einem Trip mit Übernachtung erweitern: *The Last Resort (Thamel | Kathmandu | Tel. 01 4 70 05 25 | thelastresort.com.np).*

Nicht ganz so spektakulär ist die Kulisse bei Pokhara, dafür ist der 80 m hohe Bungee-Turm nur 20 Minuten entfernt von Lakeside: *Highground Adventures (Lakeside Road | Pokhara | Tel. 61 45 63 49 | highgroundnepal.com).*

CANYONING

Das abenteuerliche Durchwandern von Schluchten, bei dem man sich ab-

In einer von Nepals Waschmaschinen: Rafting zwischen Stromschnellen

seilen, schwimmen oder in den Fluss springen muss, bieten *Borderland Resorts (Khusibu, Nayabazar, Kathmandu | Tel. 01 4 38 12 14 | borderland resorts.com)* und *The Last Resort (Thamel, Kathmandu | Tel. 01 4 70 05 25 | thelastresort.com.np)*. Letztere steigern die Anforderungen innerhalb von drei Tagen in drei verschiedenen Canyons.

KLETTERN

Indoor-Kletterer und Boulder-Fans finden Kletterwände im *Pasang Lhamu Sports Climbing Center (Maharajgunj, gegenüber Shankha Park, Kathmandu | Tel. 01 4 37 07 42 | Tagesgebühr 450 Rs, Ausrüstung ca. 100 Rs | short.travel/nep1)*, bei *Astrek Climbing Wall (Bhagawan Bahal, Thamel | Tel. 01 4 42 42 49 | Tagesgebühr 250 Rs, Ausrüstung 350 Rs | astrekclimbing.com)* – laut eigener Aussage die höchste Kletterwand Nepals – und bei *Initiative Outdoor (Gyanmandala | Jhamsikhel, Patan, gegenüber Moksh | Tel. 01 2 11 15 05 | Tagesgebühr 285 Rs | initiativeoutdoor.com)*. Einen 25 m hohen Felsen gibt es in Nagarkot, Angebote einschließlich einer Übernachtung findst du bei *Himalayan Trailfinder (Samjhane Galli, Thamel | Tel. 01 4 70 07 60 | himalayantrailfinder.com)*.

MOUNTAINBIKING

Im Lauf der letzten Jahre hat der Offroad-Bike-Sport in Nepal immer mehr an Popularität gewonnen. Aktuelle Streckeninformationen bekommst du in den Fahrradgeschäften vor Ort, wo du auch Räder leihen bzw. reparieren lassen können. Auch organisierte Touren sind buchbar. Vor allem der Annapurna Circuit erfreut sich weiterhin größter Beliebtheit.

Auch die Strecke von Kathmandu nach Pokhara über Alternativstrecken nördlich des Pritwi-Highways (über Kakani,

Herausforderung angenommen: mit dem Mountainbike über die Hängebrücke

Trisuli und Gorkha) wird sehr gerne gefahren. Für weniger Geübte gibt es zudem etliche Strecken im Kathmandutal, z.B. von Dhulikhel nach Namobuddha.

Veranstalter sind unter anderem *Himalayan Single Track (Satgumthi | Seven Corner | Thamel | Tel. 01 4 70 09 09 | himalayansingletrack.com)* oder *Path Finder Cycling (Thamel | Tel. 01 4 70 04 68 | tibetbiking.com).*

PARAGLIDING

Gleitschirmfliegen kann im Land der Götterberge ein einmaliges Erlebnis sein, der Blick auf die umgebenden Gebirgsmassive aus der Vogelperspektive ist unvergesslich. Auch wenn es mittlerweile einige andere Plätze gibt, ist die Hochburg des Paraglidens Pokhara mit seiner Umgebung. Preise für Flüge sind vom Paragliderdachverband einheitlich geregelt. Ein Tandemflug von Sarangkot etwa (ca. 20 Minuten) kostet 10 000 Rs, Extras wie ein Video vom Flug schlagen mit weiteren 2000 Rs zu Buche.

Wer das Fliegen lernen möchte, wendet sich in Pokhara an *Phoenix Paragliding (Lakeside | Tel. 06 1 46 64 17 | phoenixparagliding-nepal.com)* unter österreichischer Leitung oder *Sunrise Paragliding (Lakeside | Tel. 06 1 46 31 74 | sunrise-paragliding.com).*

RADTOUREN

Das Kathmandutal bietet sich förmlich an, mit dem Rad entdeckt zu werden, eine gewisse Kondition vorausgesetzt. Vor allem die Touren von Kathmandu nach Bhaktapur, Bhatapur nach Panauti und die anspruchsvollen Anstiege nach Kakani oder Nagakhot sind zu empfehlen. Großartig ist auch die

Serpentinenstraße nach Bandipur und der Nirwana-Highway von Pokhara über Tansen nach Butwal/Lumbini. Und über die Strecke von Lhasa nach Kathmandu muss eigentlich nicht viel geschrieben werden – sie ist legendär und jeder Fernradler sollte sie einmal gefahren sein. Organisierte Radtouren in Nepal bietet der Berliner Veranstalter *China By Bike (Karlsgartenstr. 19 | Berlin | Tel. 030 622 56 45 | china-by-bike.de)*

RAFTING & KAJAKFAHRTEN

Weniger bekannt als Trekking sind Flussfahrten mit großen Schlauchbooten (Rafts) oder mit Kajaks. Während Letztere bei Wildwasserfreunden beliebt sind, die vor allem Stromschnellen und schwierige Passagen suchen, erleben „normale" Touristen eine ähnliche Freude auf ruhigerem Wasser, wenn sie lautlos durch die Landschaft paddeln. Auch hier sorgen Stromschnellen für Abwechslung. Das Wasser ist meistens warm, übernachtet wird an schönen Sandstränden in Zelten.

Von Kathmandu aus ist das z. B. auf dem *Sun Koshi* möglich. Hauptsaison ist Mitte Oktober bis Ende November, wenn die Flüsse zahmer geworden sind. *Equator Expeditions (Thamel | Tel. 01 4 35 41 69 | equatorexpeditions nepal.com), Himalayan Encounters (Thamel | Tel. 01 4 70 04 26 | himalayanencounters.com)* oder *Ultimate Descents (Khusiba, Nayabazar | Tel. 01 4 38 12 14 | udnepal.com)* entführen alle Abenteuerlustigen aufs nasse Element.

Für Kinder, die schwimmen können, ist ein ein- bis dreitägiger Raftingtrip auf dem Fluss Trisuli eine tolle Sache. Leichte Stromschnellen und ein Picknick in einer Sandbucht versprechen Spaß und Abwechslung. *Kosten: ab ca. 35 US-$ bei Net Vision (Tel. 01 4 24 71 21 | netvisiontravel.com), Marvel Treks and Expedition (Tel. 01 4 41 61 36 und 01 4 42 25 04 | mar veltreks.com) oder Himalayan River Fun (Tel. 01 4 39 05 01 | himalayan riverfun.com).*

ZIPLINE

INSIDER-TIPP
Im Tiefflug an den Bergen entlangsausen

Abenteuer extrem: In einem Wahnsinnstempo von Sarangkot hinab nach Hyangja geht es mit Zipflyer, der ersten Zipline-Bahn in Nepal. Die wilde Fahrt inklusive Transport kostet 60 US-$. *Tel. 061 46 63 49 | highgroundnepal.com*

TREKKING IN DEN BERGEN SPECIAL

Ein längerer Trek, eine Bergwanderung in großen Höhen, ist ein einzigartiges, unvergessliches Erlebnis. In keinem Land der Welt ist der Trekkingtourismus so gut entwickelt wie in Nepal.

Die meisten Touristen konzentrieren sich auf die drei „Rennstrecken": durch die *Annapurna-Region* (nördlich und nordöstlich von Pokhara), zum *Mount Everest,* der in Nepal Sagarmatha heißt, und nach *Langtang,* nördlich von Kathmandu. Hier gibt es viele einfache Lodges und Restaurants bzw. Teehäuser, deshalb benötigst du als Grundausrüstung nur Rucksack, Regenhülle, Bettbezug (für die tieferen, warmen Lagen), einen warmen Schlafsack, eine Wasserflasche, Taschenlampe und ein Vorhängeschloss, um dein Zimmer zu sichern, dazu Trekkingführer und -karte. Sehr zu empfehlen sind Wanderstöcke, die die Gelenke entlasten. Es kann zudem nicht schaden, immer Toilettenpapier in der Tasche zu haben. Für kühle Abende sollte ein Pullover oder ein warmes Schaltuch im Gepäck sein. Alles, was du für den Trek zusätzlich brauchst, z. B. eine Daunenjacke, kannst du in vielen Geschäften kaufen oder leihen. Nimm dir genügend Zeit, um dich an die dünne Luft zu gewöhnen – so entgehst du der Höhenkrankheit. In Nepal gibt es keine Organisation, die der europäischen Bergwacht ähneln würde. Wer Träger engagiert, garantiert Arbeitsplätze, hat Ortskundige dabei, ist sicherer unterwegs und braucht weniger zu schleppen. Träger zu sein ist ein traditioneller und immer noch sehr notwendiger Beruf, der aber leider mit viel Ausbeutung verbunden ist, auch im Tourismus.

In Europa, aber auch vor Ort, werden komplette Trekkingreisen in alle Regionen angeboten, z. B. in Kathmandu und Pokhara von:

Nichts für Flachländer: am Makalu, dem fünfthöchsten Berg der Erde (8485 m)

- *Aryatara Adventure: Thamel | Tel. 01 4 25 75 95 | auf Facebook*
- *Asian Trekking: J. P. Road | Thamel | Tel. 01 4 42 42 49 | asian-trekking.com;* dieser Anbieter hat auch kürzere Touren etwa im Kathmandutal im Programm
- *Dharma Adventures: Tangal Marg | Kathmandu | Tel. 01 4 43 04 99 | dharmaadventures.com*
- *Intertours Nepal: Airport Road | Sinamangal | Tel. 01 4 11 20 60 | intertours-nepal.com*
- *Nature Treks: Thamel | Tel. 01 4 38 12 14 od. 01 4 70 12 95 | naturetreks.com;* Naturreisen mit Fokus auf Flora und Fauna
- *Nepal Trek Tours: Thamel | Kathmandu | Tel. 98 49 54 18 27 | nepal-trektours.de*
- *Social Tours: Tridevi Marg | Tel. 01 4 41 25 08 | socialtours.com;* Ausflüge und Events wie Kochkurse, Töpfertouren, Reis pflanzen; Betonung auf nachhaltigen Tourismus
- *Purna Yoga & Treks: Pokhara | Tel. 061 46 59 22 | nepalyogatrek.com;* spezialisiert auf Yogatreks
- *The Explore Nepal: Kamaladi | Tel. 01 4 42 61 30 | xplorenepal.com*

In Nepal können Trekkingtouren fast ganzjährig gemacht werden; von Ende September bis Mitte November und Mitte Februar bis Mitte März kannst du auch in tiefe Lagen *und* große Höhen vordringen. Die Monsunzeit (Mitte Juni bis Mitte September) ist wegen rutschiger Wege und abgerissener Brücken ungeeignet.

Für alle, die keine Trekkingtour unternehmen können oder möchten, ersetzt ein *Bergflug* von Kathmandu aus diese unglaubliche Erfahrung. Der einstündige Flug bringt dich zum Preis von 200–250 US-$ in Kameranähe der höchsten Berge der Welt: *Buddha Air (Tel. 01 4 46 48 78 | buddhaair.com); Yeti Airlines (Tel. 01 4 46 54 95 | yetiairlines.com).*

DIE REGIONEN IM ÜBERBLICK

Gyaring Co
Tangra
Yumco
Zhari
Namco
Zangbo Jiang (Tsangpo)
Paikü Co
Großstadtleben und
Tempelbesuche unter
den allsehenden
Augen Buddhas
XIZANG ZIZHIQU
(TIBET)
KATHMANDU
Kodari
KATHMANDU & DER OSTEN S. 42
Tamar River
Janakpur
Biratnagar
BANGLADESH
Son
Ganga

KATHMANDU & DER OSTEN

KULTUR UND SMOG IM TAL DER GÖTTER

Nepals einzige Metropole ist die Stadt der goldenen Dächer, der Tempel und Götter. Des kreativen Chaos. Des Smogs und des Wohlgeruchs. Eines aber ist Kathmandu nicht: langweilig.

Für die Handelskarawanen zwischen Indien und Tibet war das Kathmandutal, das sich durchschnittlich auf 1300 m Höhe erstreckt und umsäumt ist von einer fast 3000 m hohen Bergkette, sicherer Hafen und wichtiger Warenumschlagplatz. Einfache Wege verbanden es in der Vergangenheit mit der Außenwelt, die Anreise war beschwerlich

Gebetsmühlen drehen und etwas fürs Karma tun: im Tempel Swayambhunath

und nicht immer erwünscht. Aber lohnend, denn im Tal wimmelt es von buddhistischen und hinduistischen Tempeln und Heiligtümern. Nicht nur in der Hauptstadt, sondern auch in Bhaktapur, Boudanath, Dhulikhel und Patan, wie die größten Orte neben Kathmandu heißen. Etwa 7000 Sakralbauten sollen es sein. Heute ist Kathmandu das Macht-, Wirtschafts- und Bildungszentrum Nepals und übt eine große Anziehungskraft auf die Landbevölkerung aus – mit allen Vor- und Nachteilen einer solchen Entwicklung.

KATHMANDU & DER OSTEN

MARCO POLO HIGHLIGHTS

★ **BHAKTAPUR**
Das Städtchen punktet nicht nur mit seinem Flair, sondern auch mit dem weltbesten Joghurt – auf jeden Fall probieren! ➤ S. 67

★ **CHANGU NARAYAN**
Am uralten Vishnu-Heiligtum herrscht kaum Trubel – der bedeutendste Tempel des Vishnuismus im Kathmandutal lockt mit wenig Besuchern, dafür aber mit jeder Menge Flair und Atmosphäre ➤ S. 71

★ **NAGARKOT**
Traumaussichten auf Hügel und den Himalaja ➤ S. 71

★ **BOUDHANATH**
Buddhisten von überall her sind zu Besuch in den Klöstern und dem Stupa von Klein-Tibet ➤ S. 63

★ **PASHUPATINATH**
Pashupati, der wichtigste Shiva geweihte Hindu-Tempel Nepals, verlockt gleich zu mehreren Besuchen ➤ S. 65

★ **DHULIKHEL**
Das lauschige Newar-Städtchen verzaubert mit Architektur und Traumblicken auf Himalaja-Gipfel ➤ S. 72

★ **ALTSTADT KATHMANDU**
Von den Gassen, Hinterhöfen und Tempelplätzen des alten Kathmandu bekommt man einfach nie genug ➤ S. 50

★ **NAMOBUDDHA**
Ausflug in hinreißende Natur, gekrönt von Klosterbesuchen ➤ S. 73

★ **SWAYAMBHUNATH**
Die Götter sind immer ganz ganz nah: Der Tempel mit den allsehenden Augen Buddhas am Turm ist eindrucksvolles Wahrzeichen des Tals, das man nie mehr vergessen wird ➤ S. 48

★ **PATAN**
Goldene Dächer, ein Durbar Square zum Niederknien und die Allgegenwart der Religion: Der Zauber der buddhistischen Kultur manifestiert sich hier in mehr als 150 Klöstern ➤ S. 73

Noch ist die Kunst und die Architektur der Newar, jener Volksgruppe, die seit Urzeiten vor allem im Kathmandutal siedelt, ausreichend zu bewundern. Doch im Kampf um ein besseres Leben blieben Kultur und Natur bislang fast immer auf der Strecke.

Bis 1951 durften nicht einmal die Bewohner des Tieflands ohne Genehmigung nach Kathmandu reisen, 1956 erst erreichte die erste Straße die Stadt. Vielleicht war es gar nicht so verkehrt, das Tal hermetisch abzuriegeln, meinen heute einige Bewohner. Nur so konnte sich die Newar-Kultur in ihrer ganzen Pracht erhalten. Kathmandu, Patan und Bhaktapur, die Stadtstaaten der Malla-Könige, wetteiferten zwischen dem 15. und 18. Jh. nicht nur um die Macht im Tal, sondern auch um die schönsten Tempel und Paläste. Eine Blütezeit, von der die Region immer noch zehrt.

KATHMANDU

(P10) **Kathmandu ist Nepals einzige Metropole – und die quirlige Altstadt mit ihrer Newar-Architektur ein lebendes Kunstmuseum.**

Kathmandu, früher Kantipur, ist rund 1000 Jahre alt, aber das Gebiet war schon früher besiedelt. Heute leben in der Metropolregion, die 25 km von Ost nach West und 20 km von Nord nach Süd misst, mehr als 2,5 Mio. Menschen. Hauptattraktion sind die alten Teile der Stadt mit ihrer reichen Newar-Kunst und -Architektur. Besonders auffallend sind die Tempel und mehrstöckigen Wohnhäuser aus Ziegeln und kunstvoll geschnitztem Holz, die – durch Innenhöfe miteinander verbunden – wie riesige Bienenwaben aneinanderkleben.

Eine Besonderheit sind die alten Klosteranlagen, die auf Newari *bahal* und auf Sanskrit *vihar* heißen und die nahtlos mit den Wohnbereichen verbunden sind. Ihre Bewohner, Mönche *(bhiksu)* und Nonnen *(bhiksunis)*, lebten dort spätestens seit dem 13. Jh. mit ihren Familien. Die *bahals* mit den ihnen eigenen Regeln bestehen nach wie vor und bilden das Skelett der buddhistischen Newar-Gesellschaft.

Ein traditionelles *bahal* besteht aus einer zweistöckigen Wohnanlage, die sich um einen rechteckigen Innenhof gruppiert. Gegenüber vom Hofeingang befindet sich ein buddhistischer Schrein, im ersten Stock das Allerheiligste mit den tantrischen Gottheiten, zu dem nur Eingeweihte Zutritt haben. Von den ursprünglich 2000 *bahals* sind etwa 360 übrig geblieben, davon in Kathmandu 130. In 18 werden

WOHIN ZUERST?

Lass dich vom Airport erst einmal mit dem Taxi ins Touristenviertel **Thamel** mit seinen Hotels und Cafés bringen, am besten in die Tridevi Marg. Von hier aus liegen im Umkreis eines 20-minütigen Spaziergangs Kathmandus Highlights wie der Itum Bahal oder der Durbar Square mit seinen Tempelanlagen und dem Königspalast.

Tempel und Tauben: in Kathmandu untrennbar miteinander verbunden

noch Initiationen (religiöse Einführungsweihen) vorgenommen.

Percy Brown, ein britischer Historiker, beobachtete schon vor mehr als 100 Jahren, dass die Sakralbauten im Tal „rapide verfallen". Der Eindruck, dass Kathmandu dem Untergang geweiht ist, relativiert sich damit. Chaotisch ging es hier nach westlichen Maßstäben wahrscheinlich schon immer zu. Allerdings geht der einstige Zauber heute tatsächlich vielerorts verloren. Wie überall in Asien ersticken große Teile der Stadt in den Abgaswolken des explosionsartig zunehmenden Autoverkehrs. Wo einst traditionelle Bebauung das Straßenbild bestimmte, dominieren heute hässliche, „moderne" Betonklötze das Kathmandutal. Dazu kommen die Verwüstungen, die das verheerende Erdbeben von 2015 – und die fast ebenso starken Nachbeben – in Kathmandu und den umliegenden Städten und Dörfern angerichtet hat. Zwar funktioniert nach Anlaufschwierigkeiten der Wiederaufbau und vieles ist auch schon wiederhergestellt, aber eine ganze Reihe der eindrucksvollen (Tempel-)Bauten werden wohl erst in Jahren oder Jahrzehnten wieder so aussehen wie vor dem Beben. Einige werden wahrscheinlich nie wieder aufgebaut.

Früher war die Stadt Mekka der Rucksackreisenden, heute hält Kathmandu die Besucher nicht mehr so lange in seinem Bann. Die Altstadt lohnt aber auf jeden Fall deinen Besuch! Auch wenn das Erdbeben 2015 vor allem auf dem zentralen Durbar Square schwere Zerstörungen angerichtet hat – die Palastbauten des Singha Durbar werden wohl zerstört bleiben –, beeindrucken die verbliebenen Bauten in ihrer Filigranität – und in ihrer Standfestigkeit, trotz so mancher windschiefer Mauer.

Zwischen Altstadt und Neustadt liegt *Thamel,* Shoppingdorado und Hotelviertel. Nicht unbedingt schön – aber hier gibt es einfach alles, was des Fremden Herz begehrt. Es wimmelt von Geschäften, Restaurants und Hotels, vor allem für Individualreisende. Falls du nur wenige Tage im Kathmandutal bleibst, ist ein Hotel in Thamel sicherlich neben Bhoudha oder Bhaktapur die beste Wahl. Hast du es gerne ruhiger, dann solltest du dir eine Unterkunft in den Außenbezirken oder Nachbarstädten suchen.

INSIDER-TIPP
Wo die Stadt auch mal schläft

In den neuen Teilen der Hauptstadt findest du überwiegend hässliche Betonbauten, Bürohäuser, Verkehrschaos, konzentrierte Autoabgase und sehr viel Staub. Parks oder Ruhezonen gibt es hier kaum. Oft reicht es aber, die Hauptstraße zu verlassen. Dann befindest du dich plötzlich in einem der traditionellen Stadtviertel, in denen es zwar quirlig, aber deutlich ruhiger zugeht. Allerdings hat der Smog in den letzten Jahren so zugenommen, dass der Himalaja in der Ferne nur noch an besonders klaren Tagen zu sehen ist. Während der Corona-Lockdowns war die Luft so klar, dass die Berge gestochen scharf zu sehen waren – wenn auch praktisch keine Touristen im Land waren, die den Anblick genießen konnten.

Durch Landflucht und den jahrelangen Bürgerkrieg in der jüngsten Vergangenheit hat sich der Schmelztiegel der Nation so vergrößert, dass er von seinen Schwesterstädten Patan und Bhaktapur nur noch durch die (verseuchten) Flüsse Bagmati und Manohara getrennt ist.

SIGHTSEEING

SWAYAMBHUNATH ★

Auf einem Hügel am Westrand der Stadt beobachten die alles sehenden Augen Buddhas vom Swayambhunath-Stupa *(Eintritt 200 Rs)* aus das Kathmandutal. Der älteste Stupa Nepals (5. Jh.) hat unter Buddhisten den gleichen Stellenwert wie *Pashupatinath (kurz: Pashupati,* *s. S. 65*) für Hindus. Im Gegensatz zum *Boudhanath-Stupa* *(s. S. 64)* wird Swayambhunath

Die ewigen Berge des Himalaja erheben sich über der Smogglocke von Kathmandu

auch von vielen Newar-Buddhisten verehrt und von Hindus besucht. Wie in Pashupati toben hier wilde Rhesusaffen durch die zahlreichen Heiligtümer, Tempel, *chörten* und Klöster. Ursprünglich war ein *stupa* (Tibetisch: *chörten,* Sanskrit: *chaitya)* das Grabmal und heiliger Aufbewahrungsort der Reliquien des historischen Buddha. Heute sind tibetische Stupas überwiegend symbolische Grabmäler und Kultbauten, denen man vor allem im Hochgebirge überall begegnet.

Eine Besonderheit Nepals sind die aufgemalten, allsehenden Augen Buddhas an den vier Seiten des Turms. Im Gegensatz zum Boudha-Stupa darf Swayambhunath nicht bestiegen werden. In der kleinen *Hariti-Pagode* erflehen Buddhisten wie Hindus den Segen der Göttin, die als Hariti alle Kinder beschützt. Als Sitala bewahrt sie die Menschen vor Krankheiten. Häufig steht eine lange Schlange Gläubiger mit Opfergaben vor dem Eingang.

INSIDER-TIPP
Treppensteigen zur Morgenstund'

Am frühen Morgen sind die meisten Pilger unterwegs. Die tiefe Kontemplation, mit der sie die 231 Stufen durch den Wald hochsteigen, ist beeindruckend. Vergiss also das Taxi und lauf mit. Der 1407 m hohe Hügel wird an seinem Fuß ständig von tibetischen Buddhisten im Uhrzeigersinn umkreist, die sich dabei in regelmäßigen Abständen auf die Erde werfen und den Weg in Körperlängen abmessen. In Vollmondnächten finden diese Rituale ihren Höhepunkt. Im heiligen Monat *gunla* (etwa August) ziehen Newar-Buddhisten jeden Morgen vor Sonnenaufgang singend und musizie-

Nicht nur ein Ziel der Touristen: Auf dem Durbar Square spielt sich alltägliches Leben ab

rend nach Swayambhunath. Nachts ist der Stupa dann illuminiert.

Etwa 2 km westlich von Swayambhunath, am Nagarjun-Hügel, liegt das 1987 gegründete Kloster *Tritan Norbutse*, das erste und bislang einzige Bön-Kloster in Kathmandu. Bön ist die präbuddhistische Religion Tibets und Nordnepals.

NATURAL HISTORY MUSEUM

Das zur Universität gehörende Museum für Naturgeschichte beschäftigt sich auch mit Umweltfragen. Interessant ist die Ausstellung mit Tausenden von Schmetterlingen, Vögeln, Insekten, Pilzen, Fossilien und Säugetieren. *So–Fr 10–17, im Winter bis 16 Uhr | Manjushri Bazaar | Swayambhunath | Eintritt 100 Rs | nhmnepal.edu.np*

NATIONAL MUSEUM

Ton, Holz, Bronze und Stein. Eine schöne kunsthistorische Austellung sowie origineller Schmuck in der Art Gallery. *Mo 10.30–14.30, Mi–So 10.30–16.30, im Winter bis 15.30 Uhr | an der Straße nach Swayambunath | Eintritt 150 Rs | nationalmuseum.gov.np*

ALTSTADT ★

Menschen aus ganz Nepal triffst du auf einem Bummel durch die Altstadt von Kathmandu, die wie ein orientalischer Basar aufgeteilt ist: In der einen Straße gibt es überwiegend Schuhe, in einer anderen Importe aus China, in der nächsten Obst und Gemüse. Souvenirs, Schaltücher und Haushaltswaren sowie Gefäße aus Messing und Bronze findest du in der Straße, die diagonal durch die Altstadt führt

(Layaku Marg/Siddhitas Marg). Scheue dich nicht, in die kleinen Seitenstraßen zu schauen, es warten überall Überraschungen: Tempel, Schreine, Heiligtümer und *bahals*. Falls du dabei die Orientierung verlierst: Es findet sich immer jemand, der dich freundlich zurück nach Thamel oder zum Durbar Square bringt.

Die Altstadt hat zwei Einkaufszentren. *Asan Tole* mit einem Gewürz- und Gemüsemarkt sowie dem Annapurna-, Ganesh- und Vishnu-Tempel und *Indra Chowk* mit einer großen Kreuzung, einem der ältesten Glasperlenmärkte Kathmandus *(Pote Bazaar)* und dahinter dem Akash-Bhairav-Tempel, der nur Hindus offensteht.

Folge der kleinen Gasse, die rechts daneben zwischen den Newar-Häusern verschwindet. Nach ungefähr 200 m musst du aufpassen: Der rechts liegende Eingang zu einer der größten und schönsten (bewohnten) Klosteranlagen, dem *Itum Bahal*, ist leicht zu übersehen. Auf halber Strecke zwischen Asan und Indra Chowk liegt – an der westlichen Seite – das *Jana Bahal* mit dem *Machhendranath-Tempel*, in dem die buddhistische Erlösergestalt Avalokiteshvara verehrt wird. Hier kannst du gut die Verschmelzung von Religion und Alltag beobachten. Kinder und Hunde toben zwischen den Schreinen, Gläubige beten, oben plärrt Popmusik.

INSIDER-TIPP
Im heiligen Wohnzimmer

DURBAR SQUARE

Im Herzen der Altstadt liegt Kathmandus Palastplatz, der Durbar Square, der genaugenommen eine Ansammlung von kleineren Plätzen zwischen mehr als 40 großen und kleinen Schreinen, historische Gebäuden, Tempeln und Denkmälern ist. Der größte Gebäudekomplex ist der *Hanuman Dhoka Palace*, noch bis heute ein wichtiger Ort für rituelle Hindufeste. Der alte Palast, der bis 1908 die Residenz der König war, wurde beim Erdbeben leider stark in Mitleidenschaft gezogen. Das im Palast angesiedelte *Tribhuvan Museum*, dessen Exponate an die Regentschaft der Könige Tribhuvan, Mahendra und Birendra erinnern, ist seit dem Erdbeben einsturzgefährdet und wird erst nach Abschluss der aufwendigen Renovierungsarbeiten wieder geöffnet. Wahrscheinlich werden Teile des Palastes nicht wieder aufgebaut werden, zu groß sind die Zerstörungen..

Der Eintrittspreis für den Kathmandu Durbar Square *(1500 Rs)*, der 1978 zum Unesco- Weltkulturerbe erklärt wurde, lohnt sich trotzdem, viele der kleinen Tempel sind noch intakt und der Platz hat trotz der Schäden durch das Erdbeben nichts von seinem Flair und seinem historischen Zauber eingebüßt. Bring auf jeden Fall ein wenig Zeit mit und such dir ein gemütliches Plätzchen, um dem Treiben auf dem Platz zuzusehen. Das kannst du dann auch mit einem kühlen Drink verbinden. Einige der Cafés rund um den Platz haben lauschige Dachterrassen und bieten den Durbar Square aus der Vogelperspektive.

Kommst du von der New Road, siehst du als erstes die hohen Türme des *Hanuman Dhoka*. Links gegenüber liegt der *Basantapur Square,* auf dem fliegende Händler überwiegend Kitsch und Ramsch feilbieten. Am Anfang des Platzes zweigt links die legendäre Hippiestraße *Freak Street* ab, die Einheimische aber nur unter ihrem richtigen Namen *Jhochhen Tole* kennen und die schon lange nichts Freakiges mehr hat.

Am Ende des Basantapur liegt das Haus der Königlichen *Kumari.* Die Kumari ist nichts weniger als eine lebende Göttin, ihr Tempel liegt nördlich des Palasts am Ende des Platzes und weist besonders schöne Fenster im Innenhof auf. Die Kumari, die Inkarnation der Göttin Taleju, wird im frühen Kindesalter ausgewählt und darf ihr Amt nur bis zur ersten Menstruation ausüben. Nur 13-mal pro Jahr darf sie ihr Haus verlassen, u. a. um dem jeweils aktuellen Staatsoberhaupt ihren Segen zu erteilen. Unterrichtet wird sie von Privatlehrern zu Hause. Jeden Tag um Punkt 12 zeigt sich die Kumari für einen Moment im Mittelfenster. Fotografieren ist strengstens verboten!

INSIDER-TIPP
Erhasche einen Blick auf die Göttin

Folgst du von hier der Gasse links zwischen Häuserwand und Tempel, stößt du auf die Ausgrabungsstätte um den ehemaligen *Kasthamandap-Tempel,* der der Stadt der Legende nach ihren Namen gab, aber leider beim Erdbeben 2015 zerstört wurde. Nach Abschluss der archäologischen Arbeiten soll das ehemals älteste Gebäude des Platzes, das vor ungefähr 800 Jahren errichtet worden ist, wieder rekonstruiert sein. Du kannst das Eintrittsticket für den Kathmandu Durbar Square am Kauftag im Ausstellungsbüro an der Südseite des Basantapur Square für die Dauer deines Visums

INSIDER-TIPP
Wiederkommen ist erwünscht!

Wo es nichts gibt, was es nicht gibt: im kunterbunten Touristen-Hotspot Thamel

verlängern *(Tourist Office | Durbar Square | Tel. 01 4268969 | Reisepass und Foto mitnehmen).*

NEW ROAD

Durch den südlichen Teil der Altstadt verläuft die New Road. Sie wurde durch ein Erdbeben 1934 völlig zerstört, ist heute aber eine florierende, moderne Geschäftsstraße. Kommst du vom Kantipath und dem New-Road-Tor, siehst du auf halber Strecke linker Hand den *Pipal Bot*, die größte Klatschbörse Nepals. Unter einem alten, heiligen Pipal-Baum werden die neuesten, meist politischen Nachrichten und Gerüchte ausgetauscht, Zeitungen verkauft und Schuhe geputzt. In der Ausländergemeinde heißt der Pipal auch „Zeitungsbaum". In der Straße dahinter gibt es die besten Geschäfte für gute Kameras und Fotozubehör.

Vier Straßen gehen von der Juddha-Denkmal-Kreuzung ab, die linke Abzweigung – *Dharma Path* – bringt dich in von Touristen weniger besuchte Gassen. Nach rechts geht die Geschäftsstraße *Shukra Path* ab, geradeaus führt dich die *Ganga Path* zum Basantapur und zum Durbar Square.

THAMEL

1975 noch ein verschlafener Stadtteil, erlebte Thamel in den Jahren danach einen Boom. Für Reisende ist es ein ideales Zentrum – weil es dort alles gibt, was man braucht, und so manches mehr. Das zieht natürlich auch Kriminalität wie Drogenhandel oder Taschendiebstahl an, und vor allem freitag- und samstagabends wird in Thamel gerne einer über den Durst getrunken. Angst brauchst du trotzdem keine zu haben: Die meisten Nepalesen sind sehr friedfertig, und vor allem Ausländer werden sehr geachtet.

In Thamel ist die Orientierung nicht einfach, da Straßenbezeichnungen selten und meist hinter Kabelsträngen, Reklameschildern oder Waren versteckt sind. Aber egal, was du suchst, ob Trekkingbüro, Restaurant oder Outdoorgeschäft, du wirst auf jeden Fall schnell fündig. Steck einfach eine Visitenkarte deines Hotels ein und lass dich treiben: Solltest du dich wirklich verlaufen, findet sich immer eine gute Seele, die dir den Weg zurück zum Hotel weist. Eine der zentralen Straßen ist die *Tridevi Marg*.

Thamel geht im Süden in das Viertel *Chhetrapati* über, das ebenfalls voll auf Tourismus setzt. Die Tridevi Marg beginnt am neuen Königspalast und führt vorbei an den drei 1815 erbauten, dreistöckigen *Kamaru*, den „Pagoden der drei Göttinnen". Es folgt das Einkaufszentrum *Sanchayakosh Building*. Die Gegend links dahinter heißt *Jyatha,* hier liegen viele neue und ruhige Hotels.

Gegenüber dem Hauptquartier der südasiatischen Wirtschaftsgemeinschaft SAARC, dort wo Fledermäuse in den Bäumen hängen, liegt hinter der Mauer das nepalesische Kultusministerium. Auf seinem parkähnlichen Gelände befindet sich die *Kaiser Library (So–Do 10.30–16.30, Fr 10.30–14.30 Uhr | klib.gov.np)*, wo 45 000 Bücher in herrlich altmodischer Atmosphäre – samt ausgestopftem Tiger – auf Entdeckung warten.

INSIDER-TIPP
Träumen im Park

Eine Oase inmitten des urbanen Chaos ist die wunderschöne Anlage *Garden of Dreams* *(tgl. 9–22 Uhr | Eintritt 200 Rs | gardenofdreams.org.np)*. Traumhaft gutes Essen bietet auch das ins Grün integrierte *Kaiser Café*.

NARAYANHITI PALACE MUSEUM & DURBAR MARG

In der Neustadt, am Anfang des Boulevards Durbar Marg, steht der 1969 erbaute Königspalast Narayanhiti. Hier erschoss Kronprinz Dipendra am 1. Juni 2001 zuerst seine Familie und dann sich selbst – angeblich, weil die Verwandtschaft seine Auserwählte nicht akzeptierte. Das wird allerdings von vielen Nepalesen bezweifelt.

Nach der Abschaffung der Monarchie 2008 wurde der ehemalige Hauptpalast des Königs in ein *Museum (Do–Mo 11–15 Uhr | Eintritt 500 Rs | narayanhitipalacemuseum.gov.np)* umgewandelt, seine bisherigen royalen Bewohner mussten ausziehen – mit einer Ausnahme: Sarala Gorkhali, damals 94 Jahre alt und seit 50 Jahren Geliebte eines früheren Königs, wurde es erlaubt, bis zu ihrem Tod dort wohnen zu bleiben.

Die Palaststraße Durbar Marg war am 6. April 1990 Schauplatz jener blutigen Schießerei auf Demonstranten, nach der sich der damalige König Birendra gezwungen sah, wieder demokratische Verhältnisse herzustellen. Entlang der Palaststraße findest du Luxushotels, viele Reise- und Büros von Airlines und hochklassige und -preisige Restaurants.

NATIONAL ETHNOGRAPHIC MUSEUM

Kleine, aber feine Ausstellung über elf verschiedene ethnische Volksgruppen wie Thakali, Sherpa, Gurung usw. *Di–So 10–16 Uhr | im Tourist Service Center | Bhrikuti Mandap | Eintritt 200 Rs*

SUNDHARA-HITI

Hinter der Hauptpost liegt der langsam verfallende Sundhara-Brunnen. Die drei Stockwerke tiefe Anlage ist die größte von Hunderten *hitis*: Die aus Ziegeln und Naturstein gemauerten Wasserspender sind Zeugen einer vergangenen Zivilisation, die bereits eine ausgetüftelte Trinkwasserversorgung kannte.

Neben dem Brunnen stand bis zum Erdbeben 2015 der *Dharahara-* oder *Bhimsen-Turm* von 1832, der während des Erdbebens 1934 schon einmal zerstört wurde. Der Turm, der kleiner wiederaufgebaut worden war, galt als eine der Hauptattraktionen in Nepal, und es gibt Pläne, ihn wieder neu zu errichten.

MUSIC MUSEUM OF NEPAL

Interessante Sammlung alter Volksmusikinstrumente in Tripureshwor. *Tgl. 11–16 Uhr | Eintritt 1000 Rs | Tel. 01 4242741 | musicmuseumnepal.org*

ESSEN & TRINKEN

BHANCHHA GHAR

Nepalesisches Essen mit *rakshi* in renoviertem Newar-Wohnhaus. Schöne Bar. *Kamaladi | Tel. 01 4225172 | bhanchhaghar.com.np | €€*

BHOJAN GRIHA
Essen, Musik und Tanz. Selbst für Kulturmuffel ein absolutes Muss! *Dillibazar | Tel. 01 4 41 64 23 | bhojangriha.com | €€*

HIMALAYAN JAVA COFFEE
Alles begann als nettes Kaffeehaus mit gemütlichen Sofaecken. Verschiedene Kaffeesorten sind im Angebot, dazu gibt es kleine Gerichte, Milchshakes, Kuchen und TV-Bildschirme: Die erfolgreiche Kette hat heute viele Filialen. *Tridevi Marg | Tel. 01 4 42 25 19 | himalayanjava.com | €*

NEW ORLEANS CAFÉ
Indische, westliche, Thai-Küche und gute Steaks werden in einem schönen Garten serviert. *Thamel | Tel. 01 4 70 07 36; Filiale in Pulchowk, Patan | Tel. 01 5 52 27 08 | €*

NORTHFIELD CAFÉ
Viel chaotisches Grün und ein Sammelsurium unterschiedlichster Sitzmöbel und Tische. Dennoch oder gerade deshalb ein atmosphärisches Gartenrestaurant im Herzen von Thamel. *Tel. 01 4 70 08 84 | hotelnorthfield.com | €*

OR2K
Orientalisches Ambiente, multikulturelle Speisekarte, Wohlfühlatmosphäre und Showküche. Die OR2K Combo Platte reicht für zwei. *Mandala Street | Tel. 01 4 42 20 97 | or2k.org | €*

ROADHOUSE CAFÉ
Lust auf leckere Steinofenpizza? Oder doch italienische Nudelgerichte und Salate, und das ganze im gemütlichen Lehmhausstil? *Thamel | Filialen in Bhat Bhateni und in Jhamsikhel, Patan | Tel. 01 44 26 01 87 | €*

Ein Traum von einem Garten: Der Garden of Dreams ist ein Ruhepol im Großstadttrubel

SARANGI RESTAURANT

INSIDER-TIPP
Gutes tun beim Schlemmen

Exzellentes Essen für den guten Zweck: 100 Prozent der erwirtschafteten Profite kommen sozialen Projekten zugute. *Neben dem Kathmandu Guest House | Thamel | Tel. 98 41 24 90 04 | sarangi.com.np | €*

THAMEL HOUSE

Auf Kissen auf dem Boden sitzen, nepalesische Spezialitäten auf dem Teller genießen und das in einem traditionellen Newar-Haus – landestypischer geht's kaum! *Thamel Tol | Tel. 01 4 41 03 88 | facebook.com/thamelhouse | €€*

THIRD EYE RESTAURANT

Kleiner Ausflug nach Indien gefällig? Das gemütliche und äußerst beliebte Restaurant bietet exzellente Küche vom Subkontinent. *Thamel | Tel. 01 4 26 02 89 | thirdeye.com.np | €€*

SHOPPEN

Im geschäftigen Touristenviertel *Thamel* bekommst du eine große Vielfalt an Souvenirs, von T-Shirts über Strickwaren, Schals, Silberschmuck, Tee, Räucherstäbchen bis hin zu Filz- und Papierartikeln.

BABER MAHAL REVISITED

Gut sortierte Geschäfte aller Couleur, Kunstgalerie, Friseur, Bars und Restaurants drängen sich in den Gängen und um die Plätze eines liebevoll restaurierten Rana-Palasts. *babermahalrevisited.com*

ORGANIC MANTRA FAIR CHAKRA

Treffpunkt und Kontaktbörse für Ökotourismus und kleiner Fair-Trade-Shop, dazu legendäre Sandwiches im gemütlichen Café mit Biospezialitäten. Mach es dir auf den Sitzplätzen mit Blick in die Freak Street gemütlich. *Jhochhen | Tel. 01 4 23 38 67 | mahaguti.org*

PILGRIMS BOOK HOUSE

Einer von vielen Buchläden in Thamel, in dem man nicht nur Lesestoff und Landkarten (unter anderem auch detailierte Trekking- und Radkarten), sondern auch schönes Briefpapier, Kalender oder Musikkassetten erstehen kann. Stöbern macht hier Spaß, z. B. in den CDs, die Schätze wie von „Sur Sudha" bergen, dem Trio, das zu den bekanntesten Interpreten traditioneller Musik aus dem Himalaja gehört, oder verschiedendste Fusionprojekte. *Thamel | pilgrimsbooks.com.* Empfehlenswerte Adressen sind auch der *Mandala Book Point (Kantipath)* und der *Tibet Book Store (Tridevi Marg | Thamel)* .

TARA ORIENTAL

Besonderes zum Anziehen, edle Pashmina-Schals und Pullover findest du hier. *Lazimpat | taraoriental.com*

MAHAGUTHI CRAFT WITH CONSCIENCE

Nepalesische Fair-Trade-Produkte von Textilien, Kleidung, Wollware über (Heil-)Kräuterprodukte bis zu Schmuck, *thangkas* (Rollbilder) und Papier-, Schreibwaren. *Lalitpur | 162 Kupondole Road | Tel. 01 5421607 | mahaguthi.com.np*

KUNSTGALERIEN

In den Galerien der kleinen, aber lebhaften Kunstszene lassen sich interessante Künstler entdecken, z. B. in der *Park Gallery (Lazimpat oder Pulchowk | Patan | parkgallery.com.np)* oder in der *Indigo Gallery (Naxal | Tel. 01 4 42 43 03)*. Ein Café mit einer kleinen Kunstausstellung ist das *Imago Dei Café & Art Gallery (Nag Pokhari | Tel. 01 4 44 41 77 | €)*.

EINKAUFSZENTREN

Mittlerweile gibt es in Kathmandu eine ganze Reihe von großen Einkaufszentren wie z.B. die *Sherpa Mall* am Durbar Marg, das *City Centre* in Kamal Pokhari oder die *Bluebird Mall* und das *United World Trade Centre* in Tripureswor. Die moderne und zentral gelegene *Civil Mall* in Sundhara beherbergt neben einer Vielzahl von Bekleidungs- und Elektronikgeschäften auch ein Kino, eine Minigolfanlage, einen Hallenspielplatz, eine Bowlingbahn und einen Food-Court.

BAUERNMÄRKTE

Stark im Kommen sind die sogenannten *farmers markets*. Traditionell wurde Obst und Gemüse zwar immer schon auf Marktplätzen verkauft und vieles davon ist auch sicher biologisch angebaut, aber durch undurchsichtige Handelsketten lässt sich das nicht mit Bestimmtheit sagen. Im *Le Sherpa's Farmers Market (Sa 8–12.30 Uhr | Lazimpat, der Straße von Thamel aus kommend nach Norden folgen)* sowie im *1905 Farmers Market (Sa 9–13 Uhr | Naxal, Nagpokhari Marg, beim 1905 Restaurant)* kannst du Biogemüse und

Beim Shoppen in Kathmandu begleiten dich alle Farben des Regenbogens

leckere internationale Snacks einkaufen.

SPORT & SPASS

INSIDER-TIPP **Rauf auf den Drahtesel**

Das Kathmandutal lädt förmlich dazu ein, es auf schönen Radtouren zu erkunden. Fahrräder werden in der Stadt verliehen, z. B. von *Biking First (Z Street | Thamel | Tel. 01 4 70 17 71 | bikingfirst.com)* oder *Himalayan Single Track (Satghumthi, Seven Corner | Thamel | Tel. 01 4 70 06 19 | himalayansingletrack.com)* für 10 bis 40 US-$ pro Tag. Dort kannst du auch geführte Touren buchen. Auf der Website *wikiloc.com* stehen außerdem nach Anmeldung rund 50 Touren zum Download bereit *(wikiloc.com/trails/mountain-biking/nepal)*. *Auch mit der* Karte „Biking Around

INSIDER-TIPP **Erst surfen, dann radeln**

Kathmandu Valley" von Himalayan Map House *(himalayan-maphouse.com)* kannst du auf eigene Faust die Umgebung erkunden.
Es gibt außerdem viele Möglichkeiten für Tageswanderungen sowie Minitreks von zwei bis drei Tagen entlang der Bergkette, die das Kathmandutal säumt. Einen fünftägigen *Kathmandu Valley Cultural Trekking Trail (netif-nepal.org)* von Sundarijal nach Panauti hat die Nepal Environment and Tourism Initiative Foundation (NETIF) ausgearbeitet, die sich für nachhaltigen Tourismus einsetzt. Felsklettern ist ein Sport, der in Kathmandu immer beliebter wird, und es gibt ein paar sehr schöne Kletterplätze im Kathmandutal *(s. S. 35)*.

WELLNESS

PRANAMAYA YOGA ☂

Studio in Thamel in Kathmandu (angeschlossen an das Himalayan Java Coffee, s. S. 55). *Tel. 98 51 00 29 20 | Kurspläne auf pranamaya-yoga.com*

SEEING HANDS

Das sozial engagierte, nachhaltig wirtschaftende Unternehmen bietet Massagen von blinden Therapeuten an. *Off Jyatha Rd, Thamel | Tel. 01 42 53 51 3 | seeinghandsnepal.org*

AUSGEHEN & FEIERN

In Thamel kannst du den Tag in unzähligen Bars, häufig bei Livemusik, ausklingen lassen. Beliebte Adressen sind die *Shisha Terrace*, in der es neben gutem Essen Shishas zur Livemusik gibt. Wer gerne Billard oder Dart spielt, ist im *Tom and Jerry* richtig, eine große Bühne mit fast täglichen Konzerten bietet das *Purple Haze*. Nach Mitternacht ist nur noch in wenigen Adressen wie *OMG*, *Fire Club* oder *Funky Buddha* in Thamel und dem *25 Hours Club* in Tangalwood was los. Der nächtliche Hunger kann danach im *Sandwich Palace* gestillt werden. Drinks in gehobenerem Ambiente servieren die Bars bekannter Hotels wie *Hyatt* oder *Yak & Yeti*. Veranstaltungskalender für das Nachtleben gibt es weder digital noch in gedruckter Form, wohl, weil viele Konzerte kurzfristig angesetzt werden: einfach in den oben angegebenen Bars vorbeischauen und die Lage checken.

QFX CINEMAS ☂

Die drei Kinos locken mit moderner (3-D-)Ausstattung in Kinotraumwelten: *QFX Jai Nepal (317 Narayanhiti Marg)* , *QFX Kumari (Kamal Pokhari)* und *QFX Civil Mall (7th Floor Civil Mall | Sundhara)* . *Tel. 01 4 44 22 20 | qfxcinemas.com*

MUSIK & TANZ

Gelegentlich werden Musik- und Tanzveranstaltungen in der *City Hall*, der *Royal Academy for Performing Arts*, der *Alliance Française (alliancefrancaise.org.np)* und im *British Council (britishcouncil.org/nepal.htm)* angeboten. Regelmäßige kulturelle Ereignisse finden dienstags im *Hotel Vajra* statt. Aktuelle Hotelauftrittsorte kannst bei der Volkstanzgruppe *New Himalchuli Cultural Group (Tel. 01 4 41 52 80 und 98 41 20 68 63)* erfragen.

Der Vishnu von Budhanilkantha schläft auf einem Bett aus Schlangen

RUND UM KATHMANDU

Östlich von Kathmandu regiert der Himalaja. Hier liegt auch der höchste Berg der Welt: der Mount Everest. Je weiter man in den Osten vordringt, desto zerklüfteter und rauer erscheint die Landschaft. Während im Westen noch vielerorts alte Handelsbeziehungen mit Tibet gepflegt werden, stellen im Osten die Berge immer mehr eine unüberwindbare Grenzbarriere nach China dar. Durchbrochen wird sie nur von einer Schlucht, durch die sich die einzige internationale Straße zum riesigen Nachbarn schlängelt. Vor allem die Regionen nördlich von Kathmandu wurden durch das Erdbeben 2015 stark in Mitleidenschaft gezogen. Inzwischen sind sie aber wieder gut bereisbar.

1 BUDHANILKANTHA

9 km von Kathmandu / 25 Min. (Auto)

Der schlafende Vishnu aus Stein ruht in einem künstlichen Teich. Die 5 m lange, schwarze Figur stammt vermutlich aus dem 7. Jh. und ist damit eine der am ältesten noch erhaltenen hinduistischen Statuen Nepals. *P10*

2 SHIVAPURI

20 km von Kathmandu / 1 Std. (Auto)

Wald, ein Tierschutzgebiet und herrliche Ausblicke – das erwartet dich auf dem schönen ein- oder zweitägigen Ausflug via *Nagi Gompa* (Kloster) zum 2731 m hohen Shivapuri-Nationalpark. Davor liegt allerdings ein schweißtreibender Aufstieg von 1300 m, der vier bis fünf Stunden dauert. Mehrere Wege führen ab Budhanilkantha oder Boudhanath in das Schutzgebiet. Eine Übernachtung im eigenen Zelt in der freien Natur ist eine schöne Option, Verpflegung und Wasser solltest du dann aber mitnehmen, denn die gibt es vor Ort nicht. *Eintritt in den Shivapuri National Park 500 Rs | Tel. 01 4 37 03 55 | snnp.gov.np |* *P10*

3 KAKANI

24 km von Kathmandu / 1,5 Std. (Auto)

INSIDER-TIPP Links der Schneeberg, rechts der Moloch

Falls dir Daman zu abgelegen und Nagarkot zu überlaufen ist: Das kleine Örtchen am Nordwestrand des Kathmandutals hat den Überblick: auf den Himalaya auf der einen und Kathmandu auf der anderen Seite. Es gibt einfache Unterkünfte und Panorama zum Frühstück. Vom zentralen Busbahnhof an der nördlichen Ringstraße zweigt die wenig befahrene Straße nach Kakani ab. Es fahren Busse direkt und die nach Trisuli Basar halten am Abzweig Kakani.
Wenn dir nach sportlicher Betätigung ist: Parallel zur Straße verläuft ein Wanderpfad. Die Straße wurde in den letzten Jahren neu geteert, so dass auch eine Radtour nach Kakani möglich ist, eine gewisse Bergfestigkeit vorausgesetzt. Und wenn du schon mal hier bist, kannst du über eine der schönsten Bergstraßen Nepals ins Trisuli-Tal rollen. Vor entgegenkommenden, laut hupenden Bussen wird explizit gewarnt! *P10*

4 NUWAKOT

85 km von Kathmandu / 3 Std. (Auto)

Perfekter Ort für eine schöne Auszeit: Nuwakot erreichst Du über eine spektakuläre Serpentinenstraße vom Trisuli-Tal aus. Die aus Gorkha stammenden Shahkönige hatten hier ihren Stützpunkt, bevor sie im 18. Jh. Kathmandu eroberten. An diese Zeit erinnert der burgartige siebenstöckige Königspalast auf der Anhöhe oberhalb der Stadt. Autofrei und idyllisch gelegen ist der zentrale Marktplatz mit dem dem Kriegsgott gewidmeten Bhairavi-Tempel. Leider wurden viele Gebäude, vor allem rund um den Marktplatz, beim Erbeben 2015 schwer beschädigt, der Aufbau läuft aber.

INSIDER-TIPP Bequemes Dorfleben

Luxus und Landleben in stylishem Ambiente vereint die rustikale Unterkunft *The Famous Farm* *(11 Zi. | Tel. 01 4 70 04 26 | rural-heritage.com/theFamousFarm.php | €€–€€€)*. Bei lokalem Bioessen hast du einen wunderschönen Ausblick auf Nuwakot. *O9*

5 MANAKAMANA

105 km von Kathmandu / 3 Std. (Auto)

INSIDER-TIPP Unter Pilgern zum Wünsche-Ort

Mit der Kabinenbahn schaukelst du hoch zum berühmten „Wünsche erfüllenden" Tempel der Göttin Bhagavati. Einen Wunsch erfüllt der Pilgerort sofort: den Ausblick auf den Himalaja. Die Talstation Nepals einziger, 1998 erbauter *Seilbahn (tgl. 9–12 u. 13.30–17 Uhr | Hin- und Rückfahrt 20 US-$, Kinder 15 US-$ | Manakamana Darshan Pvt. Ltd. | Naxal, Nagpokhari | Kathmandu | Tel. 01 4 43 46 90 | short.travel/nep2)* liegt auf halber Strecke zwischen Kathmandu und Pokhara nahe dem Dorf Kurintar. *N9*

6 DAKSHIN KALI & CHOBAR-SCHLUCHT

22 km von Kathmandu / 1 Std. (Auto)

Hammel geopfert, Sünden vergeben! Im Dakshin Kali, dem Tempel der Göttin Kali, wird an jedem Dienstag- und Samstagvormittag das Blut männlicher Tiere geopfert. Es ist ein buntes, aber auch ziemlich grausames Spektakel. Nicht nur die Sünden sollen durch das hinduistische Ritual vergeben sein, sondern auch Wünsche erfüllt und unglückliche Seelen von ihrer Wiedergeburt als Tier erlöst werden. Fotografieren ist zwar gestattet, wird aber nicht gerne gesehen.

Die Straße nach Dakshin Kali geht stets bergauf. Am Weg liegt nach ca. 6 km die *Chobar-Schlucht*, wo der Gott Manjushri dafür sorgte, dass es die Siedlungen im Kathmandutal überhaupt gibt. Mit seinem Schwert soll er den Abfluss für den See, der einst das Tal bedeckte, geschlagen haben. Der Name verrät's bereits: Das *Kathmandu View Cottage (Tel. 01 6 92 22 72 | €)*, ein Gartenrestaurant mit Blick auf Kathmandu, ist prima für eine Mittagspause. P10

INSIDER-TIPP
Pausenstopp mit Weitblick

7 KIRTIPUR

10 km von Kathmandu / 30 Min. (Auto)

Ursprünglich war Kirtipur ein unabhängiges Königreich, das sich 1767 lange der Belagerung der Gorkhatruppen widersetzte. Als die Stadt dann doch fiel, ließen die Sieger zur Strafe allen Männern der Stadt Nasen und Lippen abschneiden. Kirtipur liegt 5 km südwestlich von Kathmandu auf einer Anhöhe hinter der Tribhuvan Universität und ist heute ein exterm entspanntes und ruhiges altes Newar-Städtchen.

Ganz in der Nähe des Bhagh-Bhairav-Tempels liegt das *Newa Lahana (tgl. 10–21.30 Uhr | Tel. 98 41 64 91 81 | €)*, ein von einer Kooperative geführtes kleines Restaurant mit einem Frei-

Und wenn die Füße heißgelaufen sind, ab ins Wasser: Wandern in Shivapuri

lichtmuseum newarischer Kultur und Traditionen. Das *Kagyu Institute of Buddhist Studies (KIBS) (Tel. 01 4 33 16 79 | kirtipur.org)* hat eine Reihe buddhistischer Kurse und Retreats in englischer Sprache in seinem Angebot. *P10*

8 DAMAN

76 km von Kathmandu / 2,5 Std. (Auto)

Der mit Abstand beste, aber trotzdem wenig besuchte Aussichtspunkt liegt an der ersten Straße Nepals, dem 1956 eröffneten Tribhuvan Rajpath, der leider nicht sehr gut instandgehalten wird. Er ist wenig befahren und auch für Mountainbiker geeignet. Mit dem Bus dauert die Fahrt vier Stunden. Die Aussicht vom *Everest View Tower (20 Rs)* auf den Himalaja ist nichts weniger als atemberaubend und die Umgebung bietet sich für Ausflüge an. *O10*

9 LANGTANG NATIONAL PARK

150 km von Kathmandu / rund 5,5 Std. nach Syapru Besi mit dem Auto

Nördlich von Kathmandu liegt der Nationalpark an der Grenze zu Tibet. Reist du hierhin, befindest du dich nicht nur im tibetischen Kulturkreis, sondern auch in einem der wildesten, landschaftlich schönsten Gebiete Nepals mit großartigen Rhododendron- und Koniferenwäldern an den höheren Berghängen, Yak-Herden sowie beeindruckenden Gletschern und Moränen um das Dorf *Kyangin Gompa* (3850 m). Hier gibt es mehrere Treks, die sich auch kombinieren lassen, etwa durch die nahe bei Kathmandu gelegene Region *Helambu*. *P–Q 8–9*

Im Langtang-Nationalpark ist Tibet nicht weit – und die Berge kratzen am Himmel

10 TIBETISCHE GRENZE

115 km von Kathmandu / 3,5 Std. mit dem Auto

Ein landschaftlich reizvoller Ausflug führt zur tibetischen Grenze nach *Kodari*. Mit dem Bus brauchst du hin und zurück zwei Tage, mit dem Taxi schaffst du es an einem Tag, wenn du sehr früh aufbrichst – und mit dem Mountainbike je nach Kondition. Teile der Straße wurden beim Erdbeben zerstört und sind nur provisorisch repariert. Die Fahrt ist am schönsten zwischen April und Oktober, während des Monsuns können Erdrutsche die Straße blockieren. Einfache Übernachtungen sind in *Barahbise*, *Kodari* und (am besten) in *Tatopani* möglich, wo es heiße Quellen gibt (Frauen baden mit bedecktem Körper). Deine Reise endet hinter Kodari (1640 m) an der Freundschaftsbrücke, die die Grenze markiert. Bis Lhasa sind es noch über 800 km, es gibt eine Busverbindung Lhasa–Kathmandu. *Q9*

11 SAGARMATHA NATIONAL PARK

Anreise zu Fuß oder mit dem Flugzeug

Der Distrikt Solukhumbu *(S–T 9–10)* ist nicht nur berühmt für seine Nähe zum Mount Everest, sondern auch für seine Sherpa-Dörfer und Klöster. Der Klassiker ist der Trek zum Everest Base Camp. Zu Fuß dauert er ab Jiri zwischen drei und vier Wochen und folgt der Route, die auch Edmund Hillary und Tenzing Norgay 1953 auf dem Weg zu ihrer Everest-Besteigung gingen. Bei einem Flug bis Lukla reduziert sich die Wanderzeit auf zwei Wochen. Übernachtet wird in Lodges, aber Vorsicht vor der Höhe: Lukla 2900 m, Namche Bazaar 3450 m, Kloster Tengboche 4000 m (reicht als Endziel), Aussichtshügel Kala Pattar 5500 m.

INSIDER-TIPP **Wandern, einsam und malerisch**

Eine echte Alternative zur traditionellen Everest-Base-Camp-Route, wie sie auf S. 115 im Kapitel Erlebnistouren beschrieben wird, ist ein Abstecher zu den malerischen, tiefblauen *Gokyo-Seen* (5500 m). Die Anzahl der Trekker ist auf dieser Route wesentlich geringer. Von Lukla aus etwa zwölf Tage, Übernachtung in Lodges. *T9–10*

BOUDHANATH

(P10) **Willkommen in „Klein-Tibet"! In ★ Boudhanath, oft auch kurz Boudha genannt, tauchst du in eine andere Welt ein.**

Von morgens bis abends umkreisen Tibeterinnen und Tibeter, jung wie alt, den fast 40 m hohen Stupa, unablässig das *mantra* (Gebetsformel) „Om mani padme hum" murmelnd und die Gebetsmühlen im Sockel des Bauwerks drehend. Jahrhundertelang war Boudha eine wichtige Raststätte entlang der tibetischen Handelsroute von Sankhu.

Ab 1859 war Boudha auch ein bedeutendes politisches Zentrum Nepals. Jung Bahadur Rana erklärte damals einen chinesischen Einwanderer zum

Und ewig rotieren die Gebetsmühlen: Der Boudha-Stupa ist aufgebaut wie ein Mandala

Abt von Boudha, mit umfangreichen Ländereien rund um Kopan und Melamchi. Der Dalai Lama ernannte ihn zum diplomatischen Vertreter Tibets. Die sogenannten Chini Lamas zementierten ihre Macht dank Hochzeiten mit der königlichen Familie, bis Boudha schließlich wie ein kleines eigenes Königreich innerhalb des Königreichs Nepal war. Nach dem Tod des letzten Chini Lamas in den 1980ern ging die Verwaltung Boudhanaths aber wieder zurück an die lokale Gemeinschaft.

Heute ist die Stadt ein wichtiger Wallfahrtsort für Buddhisten aus der Himalaja-Region und ein Lehr- und Lernzentrum für buddhistische Studien. *Mit dem Bus bis nach Chabahil und von da entweder zu Fuß in 20 Min. oder mit dem Taxi zum Eingang im Osten*

SIGHTSEEING

BOUDHA-STUPA

Das buddhistische Heiligtum, ein Stein gewordenes Mandala, ist 40 m hoch und hat am Sockel einen Durchmesser von mehr als 100 m. Es ist der größte Stupa in Nepal und einer der größten der Welt. Vermutlich wurde er im 6. Jh. erbaut, die heutige Form erhielt der Stupa jedoch im 14. Jh. Durch das Erdbeben 2015 wurde er fast vollständig zerstört und in Rekordzeit wieder aufgebaut. Einen herrlichen Blick auf den Stupa und den Platz hast du, wenn du im Guru-Lhakhang-Kloster am Nordende des Stupa auf die Dachterasse steigst. Einen kühlen Drink zur Aussicht bieten die Dachterrassen der vielen Cafés rund um den Platz. Sehr stimmungsvoll ist

INSIDER-TIPP Aussicht mit Schuss

Boudha bei Vollmond oder wenn unzählige Butterlämpchen leuchten. *Eintritt 400 Rs*

JAMCHEN YIGGHA CHOLING

Kloster mit einer 10 m hohen Buddhafigur des Maitreya, des Zukunftsbuddhas.

ESSEN & TRINKEN

THE BAKERY CAFE

In diesem sozialen Projekt ist das Servicepersonal überwiegend taubstumm. Große Auswahl nepalesischer Gerichte und Kuchen. *Tel. 01 4 46 44 38 | the bakerycafe.com.np | €*

FLAVOR'S CAFÉ

Café im *Taragoan Museum (taragaon museum.com)* mit kleinem Innenhof und Dachterrasse. *Tel. 01 4 49 54 84 | €*

PATIO 747

Gechillte Lounge mit gutem, preiswertem Essen und Gastgarten. *Hauptstraße vor dem Eingang des Stupa nach links folgen, nach ca. 100 m auf der rechten Seite | Tel. 01 4 48 27 47 | face book.com/patio747 | €*

PHO99

Exzellente vietnamesische Küche an der Stupa. Auch in Lalitpur, Kathmandu und Pokhara. *Tel. 01 2 23 97 73 | facebook.com/pho99boudha | €*

SHOPPEN

Boudhanath ist eine wahre Fundgrube für Tibetisches aller Art, inklusive bunter Filzstiefel, Gebetsfahnen und Klangschalen. Fair produzierte Hanf- und Nesselwaren verkauft *Caren Kraft (Tel. 01 4 91 66 24 od. 98 13 15 50 08).*

WELLNESS

KOPAN MONASTERY

Englischsprachige Einführungen in den Buddhismus und Meditationskurse kann man u. a. im Kopan Monastery nördlich von Boudhanath belegen *(Auskünfte über Retreats hier und in Pokhara: Tel. 01 4 82 12 68 | kopanmonastery.com)*. Dem Kloster nahe steht das *Himalayan Buddhist Meditation Center (im Hotel Himalaya Yoga Thamel | Kathmandu | Tel. 980 3 25 47 04 | fpmt-hbmc.org | Kontaktadresse in Deutschland: Aryatara Institut e. V. | Barer Str. 70/ Rgb. | 80799 München | Tel. 089 27 81 72 27 | aryatara.de)*: Tageskurse, Yoga, Workshops, Massagen, Bibliothek.

PRAYER MEETINGS

An tibetischen politischen Gedenktagen und an religiösen Festen treffen sich Laien, Mönche und Nonnen auf dem Stupa von Boudhanath zu großen, farbenfrohen Gebetsversammlungen.

RUND UM BOUDHA-NATH

12 PASHUPATINATH ★

2 km / 20 Min. zu Fuß

Schneller und angenehmer als mit dem Taxi kommst du zu Nepals wich-

INSIDER-TIPP
Zu Fuß über den Berg zum Tempel

tigstem Hindu-Tempel bei einem kurzweiligen, 20-minütigen Spaziergang durch verwinkelte Wohnviertel über den hügeligen Mrigathal-Park. In dieser großen Tempelanlage, die definitiv mehr als einen Besuch wert ist, wird Shiva in seiner Form als Pashupatinath, „Herr der Tiere", verehrt. In Pashupatinath verbrannt zu werden ist der Wunsch vieler Hindus, hier befinden sich die wichtigsten Verbrennungsstätten Nepals. Eine festliche Stimmung liegt über der Anlage. *Sadhus*, Hasch rauchende Wanderheilige, die dem weltlichen Leben komplett entsagt haben, sitzen am Eingang der Anlage und diskutieren. Sie tragen lange Bärte, wilde Haartrachten und sind in safrangelbe Tücher gehüllt. Ihr größtes Treffen findet an Shivaratri, dem großen Pilgerfest im Frühjahr, statt. Dann platzt Pashupatinath aus allen Nähten und ein süßlicher Canabisgeruch liegt über der Anlage. Die beste Chance, einen Passivrausch zu bekommen …

Lebendige Knoten: Schlangenbeschwörer in der Tempelanlage Pashupatinath

Der heilige Bagmati-Fluss teilt die Anlage in zwei Teile. Der auf der westlichen Flussseite liegende große Pashupatinatha-Tempel ist für Nicht-Hindus tabu. Aber es gibt mit den unzähligen Tempeln, Schreinen, *lingams* (Shiva als Phallussymbol), Statuen, *dharamsalas* (Pilgerunterkünften) und *ghats* (Verbrennungsplätzen auf Treppen am Flussufer) genug zu sehen. Vom gegenüberliegenden Hang hast du eine gute Aussicht auf das Tempelgeschehen. Halte aber bitte angebrachten Abstand zu den Verbrennungs-

plätzen, um die Trauernden nicht zu stören. Die besonders heiligen *Acharya Ghats* unterhalb des Haupttempels, die den oberen Kasten vorbehalten sind, wurden aus diesem Grund für Nicht-Hindus gesperrt. Die Angehörigen sind dabei, wenn der Verstorbene auf dem Scheiterhaufen verbrannt wird, und begleiten dessen Seele, bevor die Asche in den Fluss gestreut und so dem Kreislauf der Natur wiedergegeben wird.
Die vielen kleinen Shiva-Tempel unterhalb der Bänke wurden zu Ehren der Ehefrauen errichtet, die einst zu *sati* gezwungen wurden – sich bei lebendigem Leib am Scheiterhaufen des Mannes verbrennen zu lassen. Diese Praxis ist heute verboten. Achtung: Auf dem Tempelgelände treibt auch eine große Herde wilder Rhesusaffen ihr Unwesen. *Eintritt 1000 Rs* | *P10*

13 SANKHU

12 km / 35 Min. mit dem Auto
Nepal vor hundert Jahren! Das Newar-Städtchen wirkt wie aus der Zeit gefallen. Eine halbe Stunde Fußweg oberhalb des Ortes, der leider vom Erdbeben stark in Mitleidenschaft gezogen wurde, steht der buddhistisch-hinduistische Tempel Vajrayogini. *P10*

BHAKTAPUR

(P10) **Eines der schönsten Städtchen der Welt, sagen viele Besucher. Und tatsächlich: Man fühlt sich in ★ Bhaktapur wie in einem lebenden Museum – mit all seinen Vor- und Nachteilen.**

Bhaktapur, von 1382 bis 1482 die Hauptstadt des Tales, heißt auch Bhadgaon, „Reisdorf", und wurde im 9. Jh. gegründet. Von den ca. 80 000 Einwohnern sind die Mehrzahl Newar, traditionell Bauern und Händler, aber auch als Kunsthandwerker bekannt. Die starke Newar-Kultur gibt der Stadt ihren Flair, erschwert es aber auch, dass sich ein moderner Lebensstil etabliert: zeitgenössische Kunst, *fine dining* oder Nachtleben kannst du hier mit der Lupe suchen.
In den 1980ern wurde der Ort im Rahmen eines deutsch-nepalesischen Stadtsanierungsprojekts restauriert und viele Häuser in der Unesco-Stadt im traditionellen Newar-Baustil erdbebensicher gemacht. Dennoch hat das Beben 2015 in einigen Bereichen der Stadt großen Schaden angerichtet. Der Wiederaufbau läuft nach wie vor nur sehr schleppend.
Durch die rasche Arbeit des Bhaktapur Tourist Boards kannst du die meisten Sehenswürdigkeiten, Restaurants und Hotels aber wieder besuchen und den ungebrochenen Flair der Stadt genießen. Mit den 1500 Rs Eintrittsgebühr hilfst du nicht nur dem Wiederaufbau, sondern auch den zahlreichen Kultur- und Infrastrukturprojekten. Lass dir das Ticket gleich an der Kasse bis zum Ende der Laufzeit deines Visums verlängern. Dafür Reisepass und Passfoto mitnehmen. Viel Zeit für den Stadtbummel solltest Du auf jeden Fall mitbringen.
Und weil du den Flughafen und die meisten Sehenswürdigkeiten des Kathmandutals von hier aus locker in einer guten halben Stunde erreichst:

INSIDER-TIPP **Keine Pizza, aber auch keine Hektik**

Schlag doch gleich dein „Basislager" in Bhaktapur auf. Die Stadt ist eine echte Alternative zum hektischen Thamel. Ein paar Tage Verzicht auf Pizza, Boutique-Cafés und hektische Großstadt ist das auf jeden Fall wert.

Reise am besten mit dem Bus nach Banepa/Panauti oder mit dem Taxi. Auch ein Fahrradausflug hat seinen Reiz: Die alte Straße von Kathmandu nach Bhaktapur ist frisch geteert, sieht verhältnismäßig wenig Verkehr und du kannst auf der Tour noch die alte Töpferstadt *Thimi* und den Vishnu Tempel *Changu Narayan* besichtigen. *bhaktapur.com*

SIGHTSEEING

DURBAR SQUARE

Religiöser Mittelpunkt des Platzes ist der für Nicht-Hindus unzugängliche *Taleju-Tempel,* der älter sein dürfte als die Palastanlage (15. Jh.). Besonders berühmt sind das *Goldene Tor* und der *Palast der 55 Fenster,* den das Erdbeben von 1934 stark beschädigte. Auch dem Beben 2015 sind zwei Tempel zum Opfer gefallen, aber seinen Flair hat der Platz dennoch nicht verloren.

NATIONAL ART GALLERY

Der Eingang des am westlichen Ende des Durbar Square gelegenen Museums wird flankiert von Götterfiguren. Hier sind vorwiegend religiöse *thangkas* (traditionelle Rollgemälde) zu sehen. *Mitte Jan.–Okt. Mi–So 10–17, Nov.–Mitte Jan. Di–So 10–16, Mo 10–15 Uhr | am Durbar Square | Eintritt 150 Rs*

DATTATRAYA SQUARE

Der im Ostteil der Stadt liegende Platz bildete bis zum 15. Jh. das Zentrum Bhaktapurs. Der große, restaurierte *Dattatraya-Tempel* in der Mitte ist der südindischen Göttin gleichen Namens gewidmet, die Aspekte von Vishnu, Shiva und Brahma vereinigt.

Rechts hinter dem Tempel steht eines der schönsten Gebäude Nepals: das über 500 Jahre alte *Pujari Math,* ein religiöses und soziales Zentrum mit Pilgerherberge. Besonders bemerkenswert sind die Schnitzereien im Innenhof, das „Pfauenfenster" soll das schönste Fenster des Tals sein.

BRASS & BRONZE MUSEUM

Nepals einziges Museum für Bronze- und Messingarbeiten ist in einem *math* aus dem 15. Jh. untergebracht. *Math* bezeichnet im Hinduismus ein religiöses und soziales Zentrum sowie eine Pilgerherberge. *Mi–So 9–17 (Winter 10–16), Mo 10–15 Uhr | im Pujari Math am Dattatraya Square | Eintritt 150 Rs*

TAUMADHI SQUARE

Eine Einkaufsgasse führt vom Durbar Square hinunter zum Taumadhi Square, an dem die höchste Pagode Nepals liegt, der fünfstöckige *Nyatapola-Tempel.* Er ist 33 m hoch und der Göttin Bhagvati gewidmet. Schräg gegenüber liegt der *Biswanath-Tempel.*

POTTERY SQUARE

Hier werden Tonwaren wie seit Jahrhunderten hergestellt. Wenn du möchtest, kannst du die Kunst von den lokalen Meistern lernen. *Pottery Square Road, nahe Rammandir Road*

Aufstrebender geht's nimmer: Am Taumadhi Square liegt Nepals höchste Pagode

ESSEN & TRINKEN

Der *Juju Dahi* ist die lokale Spezialität Bhaktapurs. Den „Königsjoghurt" bekommst du in Läden mit einer gemalten Tonschale über der Tür – du solltest ihn unbedingt probieren!

DE ARENA RESTAURANT

Im stimmungsvollen Lokal werden Newari-Spezialitäten aufgetischt, aber auch westliche Speisen und Nepali-Essen. Freitags steht Livemusik auf dem Programm. *Am Dattatraya Square | Tel. 98 60 05 11 91 | €*

GURU AMAKO BARA PASAL

Authentische Newari-Küche wie vor 100 Jahren: leckere Linsenfladen pur, mit Ei oder Fleisch. *Hinter dem Nayatapola-Tempel links | Tel. 01 6 61 30 83 | €*

SHOPPEN

Bhaktapur ist ein wahres Einkaufsparadies, hier gibt es u. a. sehr schöne Stoffe, Schals, *lokta*-Papierartikel und Holzkunst zu kaufen. Wer hier shoppen geht, unterstützt die „Dezentralisierung". Die Läden findet man entlang der Hauptstraße, die von Ost nach West über den Pottery Square, Taumadhi Square bis zum Dattatraya Square verläuft.

THE PEACOCK SHOP

Der Laden hält nicht nur eine große Auswahl an schönem *lokta*-Papier bereit, bei einer Werkstattbesichtigung erfahren du und deine Kinder auch, wie es hergestellt wird. *Am Dattatraya Square (nahe dem Peacock Window)*

Rollende grüne Hügel und die weißen Häupter des Himalaja: Traumaussicht Nagarkot

SPORT & SPASS

CREATIVE CERAMICS & HANDICRAFT

Ramesh Pradhan und seine Frau, die auch als deutschsprachige Reiseführerin arbeitet, bieten Töpferkurse an. Interessierte können nach Lust und Laune täglich zwischen ein und vier Stunden die alte Handwerkskunst lernen. *Nähe Byasi Busparks | 500 Rs pro Person/Stunde inkl. Material | Tel. 98 41 79 55 87*

VHS BHAKTAPUR

Wer die Nepalis näher kennenlernen möchte, kann bei diesem Ableger der deutschen Volkshochschule Nepali lernen oder am Cultural Introduction Seminar teilnehmen. In zwei halben Tagen bekommst du einen Überblick zu Geschichte und Kultur, lernst *dal bhat* kochen und bekommst wertvolle praktische Tipps für den Alltag. *Adharsha-7 | Tel. 01 66 11 28 3 | vhsbhaktapur.org*

THANKGA-KUNST

Die typischen buddhistischen Rollbilder heißen Thangka. Seit sechs Generationen stellt die Familie von Madhu Krishna Chitrakar die Bilder her. Erlebe, wie sich Malkunst, Spiritualität und Gemeinschaftssinn verbinden. *Taumadi Square, neben dem Bhairab-Tempel | Tel. 98 41 81 42 01*

YOGA

Bhaktapurs Yogaszene trifft sich an verschiedenen Orten morgens um 5 oder 5.30 Uhr. Wenn du mitmachen willst, frag am besten im Hotel, welche der Yogaklassen in der Nähe ist. Unter anderem gibt es Gruppen am

Dattatraya-Platz, in der Nähe des Byasi-Busparks, im Club Bagamati im Süden oder hinter dem Bhairabnath-Tempel (gegenüber dem Nayatapola-Tempel).

RUND UM BHAKTAPUR

Nach *Changu Narayan* oder *Thimi* fahren Busse oder Taxis.

14 MADHYAPUR THIMI

3,5 km / 10 Min. mit dem Auto

Das oft nur „Thimi" genannte, 3,5 km westlich von Bhaktapur gelegene unverfälschte Bauernstädtchen ist berühmt für Tonarbeiten (z. B. originelle Blumentöpfe) und Masken aus Pappmaché. Mitte April wird es wild in Thimi. Die Neujahrsprozession ist selbst für nepalesische Verhältnisse farbenfroh und ausschweifend. *P10*

INSIDER-TIPP
Frohes Neues, ausgelassen, bunt und laut

15 CHANGU NARAYAN ★

4 km / 15 Min. mit dem Auto

Vergleichsweise wenig Pilger und Touristen sieht der Changu Narayan, der auf einem 1540 m hohen Hügel zwischen Boudhanath und Bhaktapur im gleichnamigen Dörfchen (sprich Naráyan) liegt. Er ist der bedeutendste Vishnu-Tempel des Tals: Eine Steinsäule enthält die mit mehr als 1500 Jahren älteste in Nepal überlieferte Inschrift des Liccachi-Königs Manadev. Die Wanderung zum Tempel dauert rund zwei Stunden. *Eintritt 300 Rs* | *P10*

16 PILOT BABA

5,5 km / 20 Min. mit dem Auto

Im Süden Bhaktapurs thront auf den Hügeln ein Tempel, der von einem ehemaligen Piloten gebaut wurde. Er lebt jetzt dort als *baba* (Einsiedler) – aber bezaubernder als der Tempel ist die unglaubliche Sicht auf Bhaktapur. Auf dem Rückweg kannst du einen Abstecher zum Ganesh-Tempel in Suryabinayak einbauen. *P10*

17 DOLESHWOR

6,5 km / 20 Min. mit dem Auto

Vor allem an Samstagen und lokalen Feiertagen pilgern unzählige Gläubige zu diesem im Talkessel unterhalb des Tempels Pilot Baba gelegenen jahrhundertealten Tempel, der erst vor ein paar Jahren wiederentdeckt wurde. *P10*

18 KAILASHNATH MAHADEV STATUE

7 km / 25 Min. mit dem Auto

Die mit beindruckenden 33 m größte Shiva-Statue der Welt steht an der Straße nach Banepa. *Eintritt zur Statue frei, der nahe gelegene Vergnügungspark des Hilltake Resort verlangt 100 Rs* | *kailashnathmahadevstatue.blogspot.de* | *P10*

19 NAGARKOT ★

12 km / 45 Min. mit dem Auto

Bei gutem Wetter hast du in Nagarkot eine wunderbare Sicht auf die schneebedeckten Berge des Himalaja. Der beliebte Aussichtspunkt liegt auf 2000 m Höhe am Ostrand des Kathmandutals. Du erreichst Nagarkot auf einer leidlich guten Straße per Taxi oder (meist überfülltem) Bus ab Bhaktapur.Von Nagarkot aus kannst du schöne Tageswanderungen unternehmen, z. B. zur Tempelanlage von *Changu Narayan (Gehzeit ca. 1,5–2 Std. von Tharkot/ Deuralibhanjang)*, nach *Banepa (Gehzeit ca. 3–4 Std.)* oder nach *Melamchi (Gehzeit ca. 5–6 Std. | zurück ins Kathmandu Valley per Bus in 3 Std. über Dhulikhel).* *P10*

DHULIKHEL

(P10) **Ein paar Tage in reiner Luft ausspannen, lesen und wandern: Das verträumte Newar-Städtchen ★ Dhulikhel am Ostrand des Tals ist bestens dazu geeignet.**

Die Stadt ist berühmt für Traumsichten auf den Himalaja. Nur der Everest versteckt sich fast schüchtern als winzige Spitze ganz im Osten. Aber was braucht es den höchsten Berg der Welt, wenn sich bei klarem Wetter das prachtvolle Panorama der Achttausender vor dir ausbreitet! Manaslu oder doch die Annapurna? Das freundliche Hotelpersonal wird Dir gerne die einzelnen Gipfel erklären. Besonders schön sind Sonnenauf- und -untergang. Spring mit dem ersten Licht aus den Federn: Farbenspiel und Stimmung sind am schönsten, bevor die Sonne hinter dem Himalaja auftaucht.

INSIDER-TIPP
Früher Vogel fängt die schönsten Bergsichten

Dhulikhel liegt in etwa 30 km Entfernung von Kathmandu an der Straße nach Tibet auf 1650 m Höhe. Hier befindet sich – für den Notfall – das blitzsaubere, sehr empfehlenswerte *Dhulikhel Hospital (Tel. 01 1 49 04 97 | dhulikhelhospital.org)*. Der medizini-

Bunt und spirituell: In Namobuddha ist die Religion allgegenwärtig

sche Leiter, Dr. Ram Shrestha, hat in Österreich studiert.

RUND UM DHULIKHEL

20 NAMOBUDDHA ★

15 km / 45 Min. mit dem Auto

Eine lohnenswerte Tageswanderung führt dich nach Namobuddha, zu einem der wichtigsten Heiligtümer der Volksgruppe der Tamang. Lass dir Zeit, meide den stark befahrenen, recht staubigen Hauptweg und genieß die etwa dreistündige Wanderung auf Nebenwegen, die mit der entsprechenden Trekkingkarte gut zu finden sind. Nimm unbedingt Proviant und Wasser mit!

Das winzige Tamangdörfchen hat auch einen schönen Stupa namens *Vajra Dhatu*. Durch einen Rhododendronwald (Blüte im März/April) links neben dem Stupa gelangt man auf den Gandar-Madan-Hügel. Dort liegt das tibetische Kagyü-Kloster *Thrangu Tashi Yangtse Monastery (namobuddha.org)* samt Meditation and Education Centre und zwei Gästehäusern. Ein ausgezeichnetes vegetarisches Restaurant bietet das *Kanodada Namobuddha Resort (Tel. 01 6912212 | namobuddharesort.com | €€–€€€).* *P–Q 10–11*

21 PANAUTI

15 km / 45 Min. mit dem Auto

Schöne Ziele sind auch das Dorf Nala und das alte, liebevoll sanierte Newar-Städtchen Panauti. Sehenswert ist der *Indreshwar-Mahadev-Tempel (Eintritt 300 Rs, einschließl. Eintritt zum Panauti Museum in der Tempelanlage).* Weitere Informationen zu Ziel und Anfahrt an der Rezeption deines Hotels. Übernachtung im *Hotel Panauti (18 Zi. | Tel. 011 440055 | panautihotel.com | €)* außerhalb der Altstadt mit Garten und Dachrestaurant. Eine spektakuläre Sicht auf Manaslu, Langtang und Everest bietet das *Balthali Village Resort (20 Zi. | Tel. 011 681271 | balthali.com | €€–€€€)* in der Nähe von Panauti. *P10*

PATAN

(P10) **Von den insgesamt drei Durbar Squares im Kathmandutal ist der in ★ Patan (sprich Páten) – trotz Erdbebenschäden – der schönste.**

Er wirkt durch zwei zierliche Krishna-Tempel verspielt, bei klarem Wetter posiert der Himalaja im Hintergrund fürs Insta-Foto. Der dankenswerterweise autofreie Palastplatz liegt in der Altstadt, umgeben von einem Gassengewirr. Die Tempel abseits des Platzes sind nur schwer zu finden. Vielleicht nimmst du dir einen lokalen Guide, der dich für ein kleines Trinkgeld ans Ziel bringt?

Patan, offiziell *Lalitpur*, blickt auf eine lange buddhistische Tradition zurück. Die Legende erzählt von Ashoka, einem Herrscher aus dem heutigen Nordindien und überzeugten Buddhisten, der es im 3. Jh. bei einer Pilgerreise gründete. Chinesische Pilger

Patan ist uralt: Die Stadt soll bereits im 3. Jh. gegründet worden sein

schwärmten schon im 7. Jh. von Patan, das damals bereits mehr als 24 000 schöne, mehrstöckige Häuser, gepflasterte Straßen, Trinkwasseranlagen und Abwasserkanäle besaß.

Patan war bis ins 20. Jh. hinein die größte Ansiedlung im Tal und zeitweise Hauptstadt. Der Bau des Durbar Square begann im 17. Jh. Einen wesentlichen Anteil an der Gestaltung hatte der Malla-König Siddinarasimha (ca. 1620–1660), der 1637 die Krishna-Tempel errichten ließ. Er erweiterte auch den Palast an der östlichen Seite des Platzes und belebte die buddhistischen Klöster. Noch heute gibt es 166, von denen 18 Initiationen vornehmen. In den umliegenden Stadtteilen liegen weitere 19 *bahals*.

Das Erdbeben von 1934 richtetet verheerende Schäden an. Auch dem Erdbeben 2015 fielen einige Tempel zum Opfer und ein paar andere müssen renoviert werden, aber viele Teile der Altstadt sind dank unermüdlicher Instandhaltungen in den Jahrzehnten davor und guter Bausubstanz heil geblieben.

Da die Ranas jegliche buddhistische Betätigung untersagten, mussten 1944 führende Newar-Buddhisten nach Indien ins Exil flüchten. Erst König Tribhuvan, der die Ranas 1951 verjagte, stellte den Frieden – oberflächlich – wieder her. Während des Volksaufstands 1990 gegen das Panchayat-Regime der Shah-Könige gingen entscheidende Impulse von Patan aus. Die Bewohner verbarrikadierten ihre Stadt eine Woche lang und feuerten die Menschen in Kathmandu mit unkonventionellen Methoden an. So schickten Patans männliche Bewohner den Männern von Kathmandu Frauenarmreifen und Haartroddeln, um durch diese Stichelei deren nachlassenden Kampfgeist aufzufrischen.

Patan besteht wie Kathmandu aus einer alten und einer neuen Stadt. Weit über 200 000 Einwohner leben dort, überwiegend sind es Newar. Von Kathmandu kommend, durchquert man nach der Bagmati-Brücke (Nase zuhalten, der Fluss stinkt zum Himmel!) als Erstes den Einkaufsbezirk *Kupondule*. Dann führt die Straße einen Hügel hoch bis zur *Pulchok*, der großen Kreuzung beim Hotel Narayani Complex. Links siehst du Patan, rechts den Expat- und Arbeitsbezirk *Sanepa* mit Ekantakuna ganz im Süden, davor *Jhamsikel* und am nähesten zu Kathmandu den Bezirk *Kupondole Heights*.

Nach Patan fahren Busse, aber schneller und angenehmer kommst du mit dem Taxi hin. Vom Fahrrad ist wegen des enormen Verkehrs und der Abgase eher abzuraten. *patan.com*

SIGHTSEEING

INSIDER-TIPP
Hier gehst du rund

Ein schöner, etwa einstündiger Rundweg ist in der Broschüre „Patan Walkabout – Inner City Guide" beschrieben, die als Kopie für 100 Rs im *Patan Book Shop (gleich neben Patan Dhoka)* erhältlich ist. Nutz die Gelegenheit zu einer Pause im angeschlossenen *Café Dhokaima (Tel. 01 5 52 21 13 | dhokaimacafe.com | €).*

DURBAR SQUARE

Feuersbrünste, Eroberungen und Erdbeben haben den ursprünglich im 18. Jh. entstandenen Komplex in seiner Geschichte gleich mehrmals zerstört. Der an der Ostseite gelegene Königspalast wurde schließlich mit österreichischer und japanischer Hilfe restauriert. Der erste Eingang führt in den Sundhara Chowk mit dem ehemaligen königlichen Bad. Die Schutzgöttin Taleju heißt in Patan Degutale und residiert in dem hohen Tempel in der Mitte des Palastbereichs. Der achteckige Pavillon Chyasilin Deval gegenüber dem Palast ist Krishna gewidmet, ebenso der andere Tempel an derselben Seite in der Mitte des Platzes. *Eintritt 1000 Rs*

GOLDENER TEMPEL

Touristen nennen das Kloster *Kwa Bahal* „Goldener Tempel" *(Eintritt 50 Rs),* weil das Dach des Buddha geweihten Heiligtums aus vergoldetem Kupfer besteht. Die Anlage ist wahrlich ein „lebendes Kunstmuseum". Möglich macht dies eine sehr aktive Klostergemeinschaft, die eine der größten und wohlhabendsten des Landes ist. Unter ihnen befinden sich viele Newar-Händler, die seit Generationen Handel mit Tibet betreiben und noch heute den tibetischen Buddhismus praktizieren. Deshalb wurde einer der Gebetsräume des Bahal im tibetischen Stil errichtet. Mönche bitten interessierte Touristen manchmal hinein.

In dieser Anlage wohnt niemand, aber täglich werden Rituale abgehalten, in die Ratten als heilige Haustiere einbezogen werden. Achtung: Die tiefer liegende Ebene im Inneren der Anlage darfst du nicht mit Lederschuhen betreten. Der Weg ist leicht zu finden: Am Ende des Durbar Square gehst du nach links und biegst dann in die erste Gasse rechts ein. Der von zwei Steinlöwen flankierte Eingang befindet sich ein paar Schritte weiter auf der linken Seite..

KUMBESHWAR-TEMPEL

Folgst du aus dem Goldenen Tempel kommend der Gasse ein Stückchen nach links, taucht rechts die fünfstöckige Kumbeshwar-Pagode auf. Der Hindu-Tempel ist Shiva geweiht und wurde 1392 gebaut. Seit dem Erdbeben steht der Haupttempel schief und

3300 mal Buddha: die reich verzierte Fassade des Mahabuddha Bahal

kann erst nach Abschluss der Renovierungsarbeiten wieder voll benutzt und besichtigt werden.

MACHHENDRANATH-TEMPEL

Im Süden der Altstadt, in Tangal, steht der große Bungadya-Tempel, der dem Roten Machhendranath gewidmet ist, dem buddhistischen Schutzgott Patans.

MAHABUDDHA BAHAL

Von der Straße aus wirst du ihn nicht entdecken, obwohl der in einem kleinen Innenhof stehende „Tempel der 1000 Buddhas" über 16 m in die Höhe ragt. Er liegt östlich des Durbar Square im Gassengewirr. Frag dich durch oder nimm dir einen Führer! Der Tempelturm ist mit mehr als 3300 kleinen Terrakotta-Buddhas bedeckt und dem Erleuchteten gewidmet, ein kleiner Tempel an der Seite seiner Mutter, Maya Devi.

Tempel dieser Art, *sikhara* genannt, sind keine hinduistischen Tempel, sondern Heiligtümer, die vor langer Zeit von Buddhisten in Indien gebaut wurden. Mahabuddha wurde 1600 errichtet, 1934 vom Erdbeben völlig zerstört und danach mithilfe der in der Nachbarschaft lebenden und arbeitenden Newar-Künstler wieder aufgebaut. Er hat beim Erdbeben 2015 ein paar Risse abbekommen, die aber nicht irreparabel waren.

Am Ende des Innenhofs, der im Uhrzeigersinn umschritten werden sollte, kannst du das Haus einer newarischen Künstlerfamilie betreten und vom obersten Stockwerk eine bessere Aussicht genießen. Mahabuddha hat enge Verbindungen zum nahe gelegenen Kloster *Uku Bahal*, das zu den prachtvollsten Anlagen im Tal gehört.

PATAN MUSEUM
Im alten Königspalast am Durbar Square befindet sich eines der schönsten Museen Asiens. Rund 200 religiöse Exponate sind zu finden, ein Museumsshop und ein Café, außerdem finden regelmäßig kulturelle Veranstaltungen statt. *Tgl. 10.30–17, im Winter bis 16 Uhr, Einlassschluss 30 Min. vorher | Eintritt 400 Rs | Tel. 01 5 52 14 92 | patanmuseum.gov.np*

PATAN ZOO
Natürlich ist Nepals einziger Zoo in Patan nicht mit Tiergärten in Europa zu vergleichen. Aber nirgendwo sonst können Kids den heimischen Tieren wie Bären, Nashörnern, Tigern oder Hirschen so nahe kommen. *Tgl. 10–17 Uhr | Jawalakhel Rd. | Eintritt Erwachsene 500 Rs, Kinder 250 Rs | ntnc.org.np/project/central-zoo*

ESSEN & TRINKEN
Rund um den Durbar Square gibt es eine Reihe von kleinen Restaurants, von denen die meisten touristische Standardgerichte bieten. Etwas abwechslungsreichere und oft nachhaltigere Auswahl findest du in der beliebten Restaurantmeile *Jamsikhel*, kurz Jamel. Die Lokale bieten eine ganze Reihe von unterschiedlichen Küchen an. Die Adressen heißen: *Moksch* (oft Livemusik), *Kairos Café, New Orleans Café, Café Soma, The Lazy Gringo, Higher Ground Café* oder *Jalan Jalan.*

BÚ KÉBA – THE ORGANIC VILLAGE RESTAURANT
In diesem Restaurant wird Bio-Küche in eindrucksvoller Einrichtung serviert. *Bhakundole | Tel. 01 5 52 43 68 | €–€€*

CAFÉ DE PATAN
Zentral gelegen, gutes Restaurant mit schönem Blick vom Dach, auch zwölf

VEGETARIERPARADIES
Nepal ist ein wahres Paradies für alle, die sich fleischlos ernähren. Denn viele der ethnischen Gruppen haben religiös bedingte Essensvorschriften, die vor allem den Verzehr von Fleisch, Eiern und Alkohol regeln. Im Hinduismus gibt es die sogenannte *sattvic*-Ernährung, die die Nahrungsmittel in drei Gruppen einteilt: *tamasic* sind schädliche Lebensmittel wie etwa Alkohol, Fleisch oder Zwiebeln. Zur *rajasic*-Gruppe dagegen gehört Anregendes oder Neutrales wie z. B. Kaffee, Tee oder Schokolade. Und *sattvic* wird alles Wohltuende genannt, dazu gehören frisches Obst, Gemüse, Nüsse, Rohmilch oder Frischkäse. Die in Nepal tief verwurzelte tibetische Medizin entscheidet von Fall zu Fall, empfiehlt manchmal sogar Fleisch, rät aber meist eher davon ab. Entsprechend sind die meisten Restaurants auf Vegetarier ausgelegt und haben oft leckere Gerichte mit viel Gemüse wie Linsen und Bohnen auf der Speisekarte.

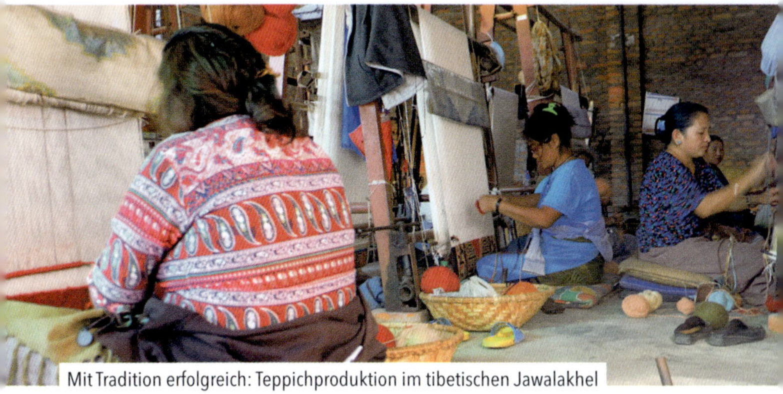

Mit Tradition erfolgreich: Teppichproduktion im tibetischen Jawalakhel

Hotelzimmer. *Mangal Bazaar | Tel. 01 5 53 75 99 | €*

KAR.MA COFFEE

Der ideale Ort, um bei einem fairen Kaffee über die Lage der Welt zu philosophieren. Die österreichische Gründerin arbeitet mit lokalen Produzenten und setzt auf 100 Prozent Recycling. Und während die Eltern am hervorragenden Kaffee nippen, kann sich der Nachwuchs an der Boulderwand im Gyan Mandala austoben *(s. S. 35)*. Mit kleinem Shop. *Gyan Mandala | Jhamsikhel | Tel. 98 43 76 72 32 | Facebook: karmacoffeenp | €*

EL MEDITERANEO

Spanische und europäische Spezialitäten, serviert in toller Atmosphäre. Gute Salate und am Wochenende frisches Tiramisu. *Tgl. 12.30–21 Uhr | Tel. 01 5 52 70 59 | €-€€*

PATAN MUSEUM CAFÉ

Schönes Gartenrestaurant hinter dem Patan Museum. *Tgl. 10.30–17 Uhr | Tel. 01 5 52 62 71 | €*

VIENNA BAKERY

Neben Kuchen, Kaffee und gelegentlich mal einem Leberkäse findet man hier auch herzhaftes Schwarzbrot oder Brezeln. *Tgl. 7.30–20 Uhr | Jhamsikhel Road | Tel. 98 03 27 68 33 | €*

VESPER CAFÉ

Gute Steinofenpizza und andere italienische Spezialitäten. *Tgl. 12–22 Uhr | Jhamsikhel, nahe Pulchowk | Tel. 01 5 54 81 79 | vespercafe.com | €*

SHOPPEN

Südlich des Durbar Square verstecken sich unzählige Läden und Werkstätten mit besonders schönen Bronze-, Messing- und Silberarbeiten sowie Holzschnitzereien, am anderen Ende liegen viele Souvenirläden. Die Qualität der Metallarbeiten und *thangkas* ist oft besser als in Kathmandu, wohin ohnehin vieles „exportiert" wird. In der Neustadt befindet sich die deutsche Backstube *Hermann Helmers German Bakery (Tel. 01 5 52 49 00)*. Eine Reihe von attraktiven Geschäften, die schöne Gebrauchsgegenstände verkaufen, findest du zwischen Hotel Himalaya und Bagmati-Brücke an der Hauptstraße in Kupondole (Straße gegenüber dem Hotel Narayani Complex). Dazu gehören der Fair-Trade-Laden *Mahaguthi (mahaguthi.org), Dhukuti (acp.org.np)* und *Nepal Knotcraft Centre (nepalknotcraft.com).*

SPORT & SPASS

Nach Wanderungen und Sightseeing-Touren verwöhnt *SõTAI (Pulchowk | Tel. 01 5 54 30 45)* mit traditionellen japanische Massagen.

RUND UM PATAN

22 JAWALAKHEL

3 km / 20 min. mit dem Auto

Das tibetische Flüchtlingsdorf liegt neben der Ringroad am südlichen Ende von Sanepa. Es wurde nach der Massenflucht 1959 gegründet. Hier steht die Wiege der berühmten tibetischen Teppiche, die ungezählten Familien zu neuen Existenzen verhalfen. Du kannst dir die *Teppichfabrik (Ektantakuna | jhcnepal.com)* einer Kooperative ansehen und neben Teppichen sehr schöne tibetische Souvenirs kaufen. *P10*

23 GODAVARI & PHULCHOKI

8 km / 20 Min. mit dem Auto

Vor allem samstags fliehen die Stadtmenschen unter die schattigen Bäume des *Botanischen Gartens (Eintritt 100 Rs)* in Godavari (1500 m). Da Godavari die höchste Niederschlagsmenge des Tals erhält, blüht es hier besonders üppig. Der 72 ha große Park wurde 1961 angelegt. In der Nähe des Parks liegt ein Wasserbecken *(kunda)* mit Wasserspeiern und kleinen Tempeln. Alle zwölf Jahre (wenn Jupiter im Zeichen des Löwen steht: das nächste Mal im Jahr 2027) findet hier ein großes Pilgerfest statt, nahe beim 10 m hohen Stupa *Chörten Chenmo Tongdrol*.

Godavari ist mit dem Bus, Taxi oder Fahrrad erreichbar. Gut essen (und übernachten) kannst du im *Godavari Village Resort (Amarabati, Toukhel, Godavari | Tel. 01 5 56 07 75 | godavarivillageresort.com | €€€)*. Auf den 2731 m hohen Phulchoki kann man wandern oder mit einem Jeep fahren. *P10*

SCHÖNER SCHLAFEN IM KATHMANDUTAL

ZENTRAL UND RUHIG

Einen herrlich ruhigen Innenhof und eine absolut zentrale Lage findest du im *Kantipur Temple House (48 Zi. | Jyatha | Thamel | Tel. 01 4 25 01 31 | kantipurtemplehouse.com | €€–€€€)* in Kathmandu, ein Juwel im Newar-Stil.

ZIMMER MIT EVEREST-BLICK

Eine Übernachtung mit dem wohl spektakulärsten Blick auf die Berge beschert dir das *Everest Panorama Resort (20 Zi. | Buchung in Kathmandu: Tel. 01 4 41 53 72 | everestpanoramaresort.com | €€€)* in Daman.

POKHARA & DER WESTEN

IN DER NACHBARSCHAFT DER GÖTTER

Im grünen Pokhara sind die mächtigen Naturheiligtümer des Himalaja die Hauptattraktion. Der Westen des Landes vereinigt auf einzigartige Weise die am besten und die am wenigsten für Touristen erschlossenen Bezirke Nepals.

Pokhara ist touristische Basis und wohl entspannteste Stadt Nepals. Sie liegt in der Mitte des Landes, 200 km von Kathmandu, 70 km von Tibet und 100 km von der indischen Grenze entfernt. Das Bergpanorama und der Phewa-See machen die Hauptattraktionen des

Brodelnde Wolken, großes Drama: Naturschauspiel vorm Himalaja in der Region Gandaki

idyllischen Tals aus, das selbst nur rund 800 m hoch liegt. Den majestätischen, fast 7000 m hohen Machhapuchhare während des Sonnenaufgangs von Pokhara aus zu betrachten, gehört zu den beeindruckendsten Erlebnissen Nepals. Im Westen liegen unentdeckte Juwelen wie der Rara-See oder der Shey-Phoksundo-Nationalpark, die deine Abenteuerlust anstacheln. Auf der Annapurna-Umrundung findst du den Klassiker unter den Trekkingstrecken mit kompletter touristischer Infrastruktur.

POKHARA & DER WESTEN

MARCO POLO HIGHLIGHTS

★ **AUSSICHTSPUNKTE**
Zum Sonnenaufgang über dem Himalaja ➤ S. 86

★ **PHEWA-SEE**
Ganz Mutige nehmen ein Bad ➤ S. 87

★ **FRIEDENS-STUPA**
Herrliche Bergsichten und ein Besuch im Wald der Königin ➤ S. 91

★ **TIBETISCHE SIEDLUNGEN**
Besuch die tibetischen Flüchtlinge und kauf Kunsthandwerk ➤ S. 92

★ **ANNAPURNA SANCTUARY**
Wanderabenteuer ohne besondere Ausrüstung und in angenehmer Höhe ➤ S. 97

Pokhara war früher wichtiger Handelsort zwischen Indien und Tibet. Der Salz-, Tee- und Wollhandel kam jedoch nach der Schließung Tibets durch die Chinesen zum Erliegen. Das erste Auto schafft es erst 1968 nach Pokhara, auf dem Siddhartha Highway, der von der indischen Grenze im Süden hierher verläuft. Die große Veränderung erfolgte 1972 mit dem von Chinesen erbauten Prithvi Highway, der Pokhara und sein 39 km langes und maximal 7 km breites Tal endlich an die Hauptstadt anschloss.

POKHARA

(Ⅲ L8) **Entäuscht, weil die Bergriesen bei Ankunft in Pokhara hinter einem Wolkenschleier liegen? Keine Angst, spätestens am nächsten Morgen fallen dir die Berge quasi ins Hotelzimmer.**
Zum Greifen nahe ist der 6993 m hohe Machhapuchhare („Fischflosse"), der sich majestätisch über der Stadt erhebt. Knapp dahinter reihen sich von West nach Ost auf: Dhaulagiri (8167 m), Annapurna South (7219 m), Annapurna I (8091 m), der erste Achttausender, der je bestiegen wurde (1950), der schon erwähnte Machhapuchhare, das „Matterhorn Nepals", Annapurna III (7555 m), Annapurna IV (7525 m) und die Annapurna II (7937 m). Im Gegensatz zu den von Menschenhand geschaffenen Sakralbauten des Kathmandutals sind es hier also die natürlichen Heiligtümer, die Wohnsitze der Götter,

die zu wahren Fotoorgien animieren. Das Tempo der Stadt ist beschaulicher, das Klima milder als in Kathmandu. Im Norden liegt der alte Basar, daran schließt sich das neue Geschäftszentrum *Mahendra Pul* an, auch die Post ist hier und der neue, hässliche China Chowk mit dem Fernbus-Bahnhof. Im Südosten liegt der Flughafen, im Südwesten der berühmte Phewa-See. Für dich ist die Stadt der ideale Ausgangsort, um zu einer Trekkingtour aufzubrechen.
Am nördlichen Seeufer *(Lakeside)* wimmelt es von Hotels, Lodges, Restaurants und Geschäften. Allerdings liegen nur wenige Hotels am See, schöne Ausblick auf ihn hast du nur aus Zimmern in den höhergelegenen Stockwerken. Die Uferstraße ist eher wuselige Geschäftsstraße denn ro-

Pokharas Hausberg: Auch mit „nur" knapp 7000 m ist der Machhapuchhare mächtig

mantische Promenade. Es herrscht kreatives Chaos, nicht uncharmant, aber auf die Dauer ein wenig nervtötend. Früher hatten nur nur einige Restaurant direkten Zugang zum Wasser, heute verläuft ein Promenadenweg am See entlang.

Die Flughafenstraße führt in der Verlängerung direkt an das Ostufer des Sees. Auf dem Weg hierher passierst du den Ortteil *Damside*, benannt nach dem nahegelegenen kleinen Staudamm mit Minikraftwerk, wo sich auch viele Hotels befinden. An der Überlandbusstation und am *Basundhara Park* vorbei folgt die Straße nun dem See durch den Ortsteil *Baidam*. Mit dem ehemaligen Königspalast *Ratna Mandir* ist Lakeside, das touristische Zentrum, erreicht. Von hier kannst du zur Friedenspagode übersetzen oder dich, wie hunderte von hinduistischen Pilgern, zur kleinen Insel mit dem Tempel *Tal Barahi* paddeln lassen. Von Lakeside führt ein unbefestiger Uferweg bis zum nordöstlichen Seeende, der von einfachen, aber empfehlenswerten Restaurants und Bars gesäumt wird. Ein idealer Platz, um den Sonnenuntergang über dem Phewa See zu genießen – kein St. Tropez, aber ein wenig Strandflair kommt trotzdem auf.

INSIDER-TIPP
Strandfeeling vor der Bergkulisse

Immerhin 400 000 Menschen leben heute in Pokhara. Die Umgebung mit ihrer subtropischen Vegetation und den atemberaubenden Aussichtpunkten ist gespickt mit reizvollen Zielen. In Nepals zweitgrößter Stadt selbst gibt es jedoch kaum Sehenswürdigkeiten. Also nichts wie raus aus der Metropole! Entdecke das Tal zu Fuß, erkunde es per Rad, Motorrad oder Taxi.

Viele Bergregionen in Nepals Westen haben traditionell eine sehr enge Beziehung zu Tibet und der tibetischen Kultur. Klöster und Tempel liegen verstreut zwischen den Bergdörfern, und an vielen Orten wehen Gebetsfahnen im Wind. Auf den Trekkingrouten rund um Pokhara sind es vor allem aber auch die atemberaubenden Panoramen des Annapurna-Massivs, des Machhupuchhare und des Dhaulagiri , die den Wanderer in den Bann ziehen. Weiter westlich dagegen locken das Abenteuer einer wilden und unberührten Natur und die Idylle des einfachen Dorflebens: *Der Shey Phoksundo National Park (G–J 5–6)* und der Rara National Park *(F4–5)* – rund um einen wunderschönen, klaren Hochgebirgssee, der umgeben ist von Kiefern-, Fichten- und Wacholderwald sowie schneebedeckten Berggipfeln – liegen einsam und weitab von den üblichen Touristenpfaden. Es werden noch Jahre vergehen, bis sie so leicht zugänglich sein werden wie die gut erschlossenen Wege im Annapurna-Schutzgebiet. Im Verlauf von Jahrhunderten haben dort Pilger, Gläubige, Mönche und viele andere ihre Zeichen hinterlassen: ein kleiner verfallener Tempel am Fluss, in Stein gemeißelte Gebete auf einem einfachen Altar auf einem Pass oder kürzlich an einem Baum aufgehängte Gebetsfahnen, die die Wünsche zum Himmel tragen sollen.

INSIDER-TIPP
Wild und idyllisch

SIGHTSEEING

ANNAPURNA NATURAL HISTORY MUSEUM

Kleines naturgeschichtliches Museum mit großer Schmetterlingssammlung. *So–Do 10–17, Fr 10–15 Uhr | P. N. Campus (auf dem Gelände der Uni, in der Nähe des alten Basars) | Eintritt frei*

AUSSICHTSPUNKTE ★

Der Blick auf die Schneegipfel ist schon von den Dachterrassen vieler Hotels spektakulär. Den ultimativen Sonnenaufgang über dem Annapurnamassiv kannst du jedoch von der Friedenspagode erleben – hier gibt es mehrere einfache Hotels.

BINDHYA-BASINI-TEMPEL

Der Tempel liegt im alten Basar und ist der Göttin Bhagwati gewidmet. 1949 wurde er durch ein Feuer zerstört und neu aufgebaut. Samstags große *puja* (Anbetung, Opfergaben).

INTERNATIONAL MOUNTAIN MUSEUM

Faszination Bergsteigen! Plastische Bergmodelle des Himalaja in zwei Ausstellungshallen, ausgesuchte Ausrüstungsgegenstände und nützliche Informationen rund um den alpinen Sport. *Tgl. 9–17 Uhr | Rato Pairo (in der Nähe des Shangri-La Village Hotels) | Eintritt 400 Rs | Tel. 061 460742 | internationalmountainmuseum.org*

NYESHANG GOMPA

Tibetisches Kloster östlich von Mahendra Pul, erbaut von Buddhisten aus Manang.

PHEWA-SEE ★

Offiziell *Phewa Tal* („Tal" ist in Nepal ein Wort für „See"). Er ist 5 km² groß und bis zu 20 m tief. Auf der kleinen Insel steht der *Barahi-Tempel,* in dem täglich zahlreiche Pilger der Schutz der tantrischen Muttergöttin Barahi erflehen. Der Bergsee ist nicht ohne Probleme: Erosionsablagerungen lassen ihn schrumpfen, und sehr sauber ist er auch nicht. Baden ist, wenn überhaupt, nur weit weg vom städtischen Ostufer empfehlenswert. Ruderboote mit (400 Rs) oder ohne (300 Rs) Bootsmann kannst du mieten. Lauschiges Plätzchen für ein Picknick bietet der herrliche, geschützte Wald (*Raniban*, der Wald der Königin) am anderen Seeufer. Angeln ist mit Genehmigung der Fishery erlaubt, Zubehör kannst du in Läden am Seeufer ausleihen. Oben ohne oder nackt baden ist nicht nur verboten, sondern eine grobe Beleidigung der Sitten.

POKHARA MUSEUM

Wie leben und wie ticken die Leute in und um Pokhara? Das Regionalmuseum gibt Antwort. *Mi–Mo 10–17 Uhr | Eintritt 100 Rs*

TAMU ETHNOGRAPHIC MUSEUM

Die Volksgruppe der Gurung (Tamu) in Ram Ghat wird in dem kleinen Museum vorgestellt. *Unregelmäßig geöffnet*

ESSEN & TRINKEN

Flanieren und Leute treffen: Die Uferstraße in Lakeside ist voller Restaurants und Cafés. Auch Ketten wie *Hi-*

Boot fahren, am Ufer Kaffee trinken oder sogar angeln: Der Phewa-See ist Pokharas Perle

Kraft tanken vor dem nächsten Trek: Köstlichkeiten in Pokhara

malaya Java Coffee (himalayanjava.com) und *OR2K (or2k.net)* sind in Pokhara zu finden.

CAFÉ CONCERTO
Leckere vegetarische Gerichte und die vermutlich beste Steinofenpizza serviert diese gemütliche Pizzeria am Südende von Lakeside. *Lakeside Pokata | Tel. 06 1 46 35 29 | facebook.com/italianINpokhara | €*

JIVA CAFÉ & SPA
Schmackhaftes gesundes Essen, ausgefallene Smoothies und als Nachtisch Massage, Akupunktur oder Reiki mit Blick auf den See. *Tel. 06 1 46 53 79 | jivaspapokhara.com | €*

MAYA PUB & RESTAURANT
Und nach dem Essen? Den einen oder anderen Cocktail oder ein belgisches Bier schlürfen! *Lakeside | Tel. 06 1 46 33 72 | €€*

POTALA TIBETAN RESTAURANT
Authentische tibetische Küche in gemütlicher Atmosphäre. *Lakeside, im Tibetan Mini Market | Tel. 98 64 05 90 85 | €*

SHOPPEN

Bist du auf der Suche nach neuen oder gebrauchten Büchern oder lokalen Souvenirs? Am Seeufer wirst du sicher fündig! Wie wäre es mit einer *saligram*, schwarze, versteinerte Schnecken, die vor mindestens 40 Mio. Jahren am Meeresboden lebten und nördlich von Pokhara gefunden werden? Lokal produziertes und zugleich qualitativ hochwertiges Trekkingequipment gibt es bei *Sherpa Mountain Equipment (Lakeside | Tel. 06 1 46 10 43 und 06 1 46 28 19).*

SPORT & SPASS

PARAGLIDING
In die Luft geht es mit *Blue Sky Paragliding (Lakeside | Pokhara | Tel. 061 46 47 37 | paragliding-nepal.com).*

TREKKING
Das Three Siosters Guest House wird von drei Schwestern gemeinsam ge-

INSIDER-TIPP **Von Frauen für Frauen**

führt und organisiert Trekkingtouren speziell für Frauen. *Tel. 06 1 46 20 66 | 3sistersadventure.com*

WELLNESS

Pokhara mit seiner natürlichen Schönheit und entspannten Atmosphäre ist die perfekte Umgebung, um ein wenig auszuspannen. Das *Purna Yoga Retreat (über der Lakeside | Tel. 06 1 69 66 06 | purnayoga.com.np)* bietet kurze und längere Retreats und Spezialkurse wie Reiki oder Mandala. Das *Ayurveda Health Home (Dihikopatan | Tel. 06 1 46 32 05 | ayurveda.com.np)* verwöhnt mit ayurvedischen Behandlungen. In der *Osho Divine Zone (Nähe Basundara Park | Tel. 98 05 80 65 48 | oshodivinezone.com.np)* und bei *Seeing Hands (gegenüber Basundhara Park | Tel. 06 1 46 57 86 | seeinghandsnepal.org)*, einem sozial nachhaltigen Unternehmen, bei dem blinde Therapeuten massieren, kannst du Yogakurse belegen.

INSIDER-TIPP **Gut fühlen dank sozial nachhaltiger Massagen**

RUND UM POKHARA

1 DEVI'S FALL

4 km / 10 Min. mit dem Auto

Um den Namen dieses nicht besonders großen, aber interessanten Wasserfalls rankt sich eine moderne Le-

WENN SICH DIE ERDE SCHÜTTELT

Immer wieder wird Nepal von Erdbeben heimgesucht. Der Grund: Seit mehr als 40 Mio. Jahren schiebt sich die indische Kontinentalplatte unter die asiatische. Der Frontalzusammenstoß hat den Himalaja aufgefaltet – und das Gebirge wächst weiter: Bis heute bewegt sich die indische Platte nach Norden und baut dabei Spannung auf, die sich dann in Form von Erdbeben entlädt.

Tödlich ist nicht das Erdbeben selbst, sondern sind die durch die Bodenbewegungen ausgelösten Erdrutsche oder Lawinen, dazu kommen die nicht erdbebensicher gebauten Häuser. Hundertprozentige Sicherheit gibt es bei Gebäuden sowieso nicht. Es gibt nur Bauten, die mehr und höhere Schwingungen aushalten als andere. Da etwa Kathmandu in einem ehemaligen See liegt, verstärkt der weiche Untergrund die Schwingungen nur noch.

Hotels sind in der Regel nach modernen Standards gebaut, und auch einstöckige Gebäude sind – da eher flach – weniger bedenklich als mehrstöckige Häuser. Bei einem Erdbeben solltest du Fenster meiden und unter Türrahmen oder einem stabilen Tisch Zuflucht suchen. Verlass das Haus nur, wenn du schon im Erdgeschoss bist.

Der Buddha ist so ewig wie die Berge, vor denen er thront: am Friedens-Stupa

gende: Die Einheimischen erzählen, 1961 sei hier eine Schweizer Touristin namens Devi ertrunken, als sie in einem der natürlichen Pools badete. Der Phewa-See fließt hier als *Pardi Khola* (Fluss) ab und verschwindet in der Erde. Plötzlich habe sich der damals neue Damm geöffnet und die Schwimmerin sei von den Wassermassen weggerissen worden. Der Devi's Fall liegt mitten in der Siedlung Chhorepatan südöstlich des Friedens-Stupas. *Tgl. 6–18 Uhr | Siddhartha Rajmarg | Eintritt 30 Rs |* *L8–9*

2 GUPTESWAR-MAHADEV-HÖHLEN

4 km / 10 Min. mit dem Auto

Das Naturwunder, das du über eine kunterbunte, eindrucksvolle Wendeltreppe betrittst, liegt gegenüber des Devi's Fall. Die Höhle ist dem Gott Shiva gewidmet und gilt als längste Nepals. Hier kannst du unterirdisch dem Flusslauf verfolgen, der den Wasserfall bildet. Am nördlichen Ende, wo sich auch ein unterirdischer See befindet, begegnest du ihm wieder: Durch eine enge Felsspalte kannst du das stürzende Wasser von hinten bewundern *Tgl. 6–19 Uhr | Siddhartha Rajmarg | Eintritt 100 Rs |* *L8–9*

3 KAHUN DANDA

6 km / 15 Min. mit dem Auto

Der wenig besuchte Aussichtsberg nordöstlich von Pokhara eignet sich für eine etwa fünfstündige Tageswanderung. In Mahendra Pul überquerst du die Brücke über den Seti, der sich tief unter dir durch die Schlucht windet, und folgst dann der Hauptstraße ein Stückchen bis zum Telecommunication Centre. Hier biegt links der Weg zum 1500 m hohen *Kahun Hill* ab, auf dem ein Aussichtsturm steht. Etwas steiler aber lohneswert ist der Weg der dich in Richtung Westen zurück zur Seti-Schlucht führt. Folge ihr nach Süden, bis du wieder auf den alten Weg stößt. *Gehzeit 5 Std.* | *L8*

4 FRIEDENS-STUPA ★

7 km / 50 Min. mit dem Ruderboot und zu Fuß

Um den Friedens-Stupa tobte ein stiller, fast zwanzigjähriger Kampf. Min Bahadur Gurung, der 1973 mit dem Bau begann, wanderte dafür sogar ins Gefängnis. Er und sein Sohn gaben nie auf, hatten aber erst nach dem Ende des Panchayat-Systems 1990 Erfolg. 1992 wurde der neue Grundstein gelegt – nun mit dem Segen der Regierung und dem frommen Wunsch, der buddhistische Stupa möge Toleranz und Tourismus fördern. Der rund 15 m hohe *Vishwa Shanti Stupa* (wörtlich übersetzt: Weltfriedens-Stupa) und ein Kloster liegen auf dem Kamm Anadu Danda in *Min Thumki* auf der anderen Seite des Phewa-Sees.

Nach der rund 20 minütigen Bootsfahrt von Lakeside über den See wartet ein etwa halbstündiger steiler Aufstieg auf dich. Dem Kamm auf rund 1150 m Höhe folgst du ein Stückchen in Richtung *Pungdi* (auf Karten *Pumdi*). Von Kloster und Stupa bieten sich herrliche Ausblicke. Es gibt auch einen *teashop*, etwas weiter und höher liegt das *Raniban Retreat (10 Zi | Tel. 02 61 26 92 136 und 98 51 13 46 47 | raniban.com | €€€)*. Gemächlich ist der Abstieg durch den geschützten Wald der Königin *(Raniban)* zurück nach Pokhara. Folge einfach dem Weg, der von der Stupatreppe geradeaus verläuft. *L8*

5 MAHENDRA CAVES

8 km / 2 Std. zu Fuß

Eine etwa zweistündige Wanderung bringt dich zu den Tropfsteinhöhlen, die nördlich von Pokhara in der Nähe des kleinen Dorfs Batulechaur liegen. Gerne lassen dich die Dorfbewohner, die der (niedrigen) Kaste der Gaine angehören, gegen eine kleine Spende an ihrer Musik teilhaben. Die Höhle selbst, die erst 1950 entdeckt wurde und vor deren Eingang ein schöner Park liegt, ist nicht sonderlich spektakulär. Viele der Stalagmiten und Stalaktiten wurden durch Besucher beschädigt und entfernt. Nur der vordere Teil ist beleuchtet, im hinteren, dunklen Abschnitt finden sich Fledermäuse. Nimm unbedingt eine Taschenlampe mit. *Tgl. 6–18 Uhr | Eintritt 50 Rs*

Noch mehr tierischen Cousins von Batman begegnest du in einer weiteren Kalksteinhöhle mit Stalaktiten und Stalagmiten 1 km südlich. Die Expedition in die *Chamero Odaar* (Fledermaushöhle) ist für nicht schreckhafte Kids ein Abenteuer. Wer Enge, Feuchtigkeit und nicht immer ganz angenehme Gerüche aushält, kann zu bestimmten Zeiten Tausende Hufeisennasen-Fledermäuse an der Höhlendecke beobachten. Der hintere Ausgang der Höhle ist extrem schmal, größere Menschen sollten zum Eingang zurückgehen.

Eine Taschenlampe ist in der unbeleuchteten Höhle ein Muss. *Tgl. 6–18 Uhr | Eintritt 100 Rs | L8*

6 SARANGKOT

10 km / 30 Min. mit dem Auto, 4,5 bis 6 Stunden zu Fuß

Sarangkot ist eine Ruinenfestung, die bei tollen Ausblicken auf 1600 m Höhe über dem Pokhara-Tal thront. Am besten fährst du mit dem Taxi vor Morgengrauen hinauf und beobachtest den Sonnenaufgang über dem Himalaja. Oder du übernachtest in einer der einfachen Lodges. Starte im alten Basar beim Bindhya-Basini-Tempel. Der Aufstieg dauert zwei bis vier Stunden. Zurück suchst du dir den direkten, steilen Abstieg zum See, den du nach 2,5 Stunden erreichst. Endpunkt ist Khahare. *L8*

7 TIBETISCHE SIEDLUNGEN ★

25 km / 45 Min. mit dem Auto

In vier Camps in und um Pokhara leben tibetische Flüchtlinge, die die provisorischen Lager mittlerweile in tibetische Dörfer verwandelt haben. Alle sind vom Tourismus abhängig und unterhalten Läden für tibetisches Kunsthandwerk und Teppiche.

Das mit etwa 800 Bewohnern größte Dorf ist *Tashi Palkhiel* nordwestlich von Pokhara in *Hyanja,* das man in Richtung Annapurna passiert. Dort gibt es sogar ein kleines Gasthaus. *Tashi Ling* entstand wie Tashi Palkhiel 1963 und liegt südlich von Pokhara an der Straße nach Indien. Ein Besuch lässt sich gut mit einem Stopp am Devi's Fall verbinden. *Paljor Ling (Tibetan Handicraft Centre)* liegt in China Chowk, das relativ unbekannte *Jampa Ling* befindet sich 23 km östlich an der Straße nach Kathmandu, in *Khotikhola.* *L8-9*

8 AUSTRALIAN CAMP

25 km / 1 Std. mit dem Bus, 5 Std. zu Fuß

Eine atemberaubende Sicht auf den Himalaja bietet dir dieser schöne Tagesausflug von *Kande* aus ins Australian Camp. Rund anderthalb Stunden geht es zu Fuß hoch zum grünen Plateau mit Traumblick. Von dort aus kannst du nach einer Erfrischung in einer Stunde über einen schönen Dschungelpfad nach Dhampus gehen, eine weitere Stunde führt der Weg dann durch Reisterrassen nach Phedi. *L8*

Leichte Treks wie der ins Australian Camp führen durch atemberaubend schöne Natur

9 NUWAKOT GARHI

25 km / 50 Min. mit dem Auto

Ein nahezu unbekannter Ausflug führt zu der historischen Ruinenfestung Nuwakot Garhi aus dem 16. Jh. südlich von Pokhara auf 1535 m Höhe. Hier regierte einst Fürst Micha Khan I., einer der zahlreichen Urahnen des letzten Königshauses. Auf dem Siddharta Highway fährst du bis *Phedi Khola* und wanderst dann zwei bis drei Stunden nach Nuwakot Garhi. Hier erwartet dich auch eine herrliche Bergsicht!

Falls du mit dem Überlandbus nach Phedi Khola fährst: Im nahegelegenen *Naudanda* gibt es nur relativ einfach Unterkünfte. Damit du hier nicht absteigen musst, solltest du ein Taxi buchen, das dann für die Dauer der Besichtigung auf dich wartet. Etwas abenteuerlich ist die 18-km-Wanderung von Pokhara aus, die auf einem alten Pfad nach Nuwakot Garhi führt.

L9

10 BEGNAS-SEE

15 km / 1 Std. mit dem Fahrrad

Begnas Tal ist mit 3,6 km^2 der zweitgrößte See im Pokhara-Tal und Ziel eines schönen Tagesausflugs. Am besten macht man die Tour mit dem Fahrrad. Die Strecke ist flach und beträgt ab dem Seeufer etwa 15 km. Pack Snacks und Trinkwasser ein, bevor du etwa 11 km auf der großen Autostraße in Richtung Kathmandu strampelst. Dort biegt links eine kerzengerade Straße ab, der du bis zum Ende folgen. Das Gewässer liegt links vom Dorf. Am See angekommen, kannst du dich entweder von einem Bootsmann zu seinem Ende rudern lassen, oder am Ufer entlanglaufen. Nach einer Viertelstunde geht es steil zum Kamm *Panchbhaiya Danda* hoch, dann folgst du dem Weg nach links oben. Jetzt hast du es geschafft und wirst belohnt: Unter dir ist nicht nur zur Linken der Begnas-, sondern zur Rechten auch der *Rupa-See* zu sehen. Dreimal täglich wechselt der See die Farbe. Langweilig wird es sicherlich nicht, wenn du hier den Picknickkorb auspackst. In den lokalen *teashops* gibt es zudem Tee und Softdrinks. Möglich ist es auch, am See zu übernachten, es gibt mehrere Hotels für jeden Geldbeutel. *L-M9*

INSIDER-TIPP
Farbenfrohes Picknick

11 BANDIPUR

75 km / 2 Std. mit dem Auto

Das auf einem Bergrücken gelegene kleine Newar-Städtchen ist ein Juwel, geschichtsträchtig, mit viel Kultur, eindrucksvoller Architektur und wunderschönen Ausblicken auf die Landschaft. Von Pokhara kommend, durchquert man nach ca. 70 km das Dorf Dumre, ca. 1 km nach der Abzweigung nach Besisahar windet sich eine atemberaubende Straße den Berg hoch nach Bandipur. Bei Tageswanderungen in die Umgebung kannst du hier leicht mehrere Tage verbringen. Die schmale Stichstraße zur Stadt lässt die Herzen eines jeden ambitionierten Radfahrers höher schlagen – bergauf wie bergab!

INSIDER-TIPP
Alpe d'Huez für Radfans im Himalaja

HAUSPUTZ AM HÖCHSTEN BERG DER WELT

Auch in Nepal ist es um die Umwelt immer weniger gut bestellt: Entwaldung, Erosion, ein explodierender Autoverkehr und eine stetig schlimmer werdende Luft- und Gewässerverschmutzung sind die Hauptprobleme in der Stadt und auf dem Land. Im Gebirge trägt der Trekking- und Bergsteigertourismus seinen Teil zu den Umweltproblemen bei, besonders am Mount Everest und in der Annapurna-Region. Am Everest müssen Expeditionen eine hohe Kaution hinterlegen, die sie erst wiederbekommen, wenn jeder Teilnehmer mindestens 8 kg Abfall zurückbringt – das ist aber angesichts der vielen Bergsteiger immer noch zu wenig. Zudem werden Expeditionen organisiert, die die Hinterlassenschaften abtransportieren. Dazu gehört die jährliche Eco Everest Expedition, die seit 2008 nicht nur tonnenweise Müll und Exkremente vom höchsten Berg der Welt geholt hat, sondern auch die Leichen einiger tödlich verunglückter Bergsteiger. Diese Maßnahmen sollen auch die Nepalesen sensibilisieren, die an den Missständen nicht ganz unschuldig sind. Sei dir deiner Vorbildfunktion bewusst, und erklär, warum du deinen Müll beim Trekking wieder mitnimmst.

Besuch in einer Unterwelt mit exotischem Touch: die Siddha-Gupha-Höhle

Unbedingt besuchen solltest du *Siddha Gupha (Eintritt 50 Rs, mit Führer 500 Rs, Taschenlampenverleih 50 Rs)*, Nepals größte Höhle. Ein schönes Ausflugsziel ist auch die *Seidenfarm (tgl. 10 Uhr bis Sonnenuntergang | von der Bushaltestelle aus dem Weg über den Hügel folgen, dann ca. 1 Std. Richtung Westen | Tel. 06 55 20 104 | Spende erbeten)* oder einfach ein Spaziergang durch den hiesigen *Raniban* (Königswald). Caving in der Siddha Gupha und Felsklettern an einer Kalksteinwand in Bimalnagar entlang der Hauptstraße bietet *Hardcore Nepal (Thamel Chowk | Kathmandu | Tel. 98 13 90 19 83 | hardcorenepal.com)*. In die Luft geht es mit *Blue Sky Paragliding (Lakeside | Pokhara | Tel. 061 46 47 37 | paragliding-nepal.com)*. Essen (und übernachten) kannst du im *Old Inn Bandipur (20 Zi. | Tel. 06 55 20 110 | rural-heritage.com/the-old-inn | €€–€€€)* oder im *Bandipur Organic Home (11 Zi. | Tel. 06 56 90 640 | hotelbandipurorganichome.com | €€)* mit Spielplatz. Viele einfache Unterkünfte gibt es in der Einkaufsstraße Bazar. *M9*

12 GORKHA

105 km, 3 Std. mit dem Auto

Die meisten brausen auf dem Prithvi Highway an dem Ort vorbei. Reicht die Zeit, solltest du den Abstecher in das historische Gorkha (1100 m) unbedingt machen und dafür zwei Tage einplanen. Hier lebten einst die Vorfahren der Shah-Dynastie, des letzten Königsgeschlechts Nepals. Den *Palast* in Gorkha, der 270 m über dem Zentrum thront und in dem die tantrische Göttin Kalika residiert, ließen sie 1790 von Newar-Handwerkern aus dem Kathmandutal bauen. Er wurde beim Erdbeben 2015 stark beschädigt und wird renoviert. Der 5 km lange Aufstieg lohnt sich trotzdem, auch wegen der großartigen Aussicht: Im Süden erstreckt sich das Trisuli-Tal, im Norden erhebt sich majestätisch der Himalaja.

INSIDER-TIPP
Treppensteigen? Nein danke!

Falls dir nicht nach anstrengendem Treppensteigen ist: Auf der Kammhöhe gibt es auch einen Busparkplatz, die Taxifahrt ab Gorkha dauert gerade mal eine Viertelstunde. Gorkha liegt 24 km nördlich der Fernstraße, die Kathmandu und Pokhara verbindet. Einfache Unterkünfte sind vorhanden. *Mehrmals tgl. Busverbindungen nach Kathmandu und Pokhara* | *N9*

13 TANSEN

125 km, 4 Std. mit dem Auto

Entdecke das südlich von Pokhara gelegene, von den Einheimischen meist Palpa genannte kleine Newar-Städtchen Tansen! Das Leben pulsiert in den engen Gassen, sehenswert sind u. a. das alte *Stadttor* und der *Bhagwati Mandir*.

INSIDER-TIPP
Erotik in Holz

Bei den filigranen Dachschnitzereien des Vishnu geweihten *Shree-Amar-Narayan-Tempels* lohnt sich das genaue Hinsehen: Hier geht es explizit sexuell zu.

Die Annapurna-Runde ist ideal, um ersten Kontakt mit dem Hochgebirge aufzunehmen

Tansen ist außerdem bekannt für seine handgefertigten Messingwaren *(karuwa)* und traditionellen Dhaka-Webereien. Lohneswert ist auch der etwa einstündige Ausflug hinunter zum verlassenen *Ranighat Palace* am Kali-Gandaki-Fluss. Unterkünfte für jeden Geschmack und Geldbeutel sind vorhanden. *visittansen.com* | *(K9–10)*

14 ANNAPURNA-REGION

155 km, 6 Std. mit dem Auto nach Jomsom

Nördlich von Pokhara steppt der Yeti. Dies ist eine der kulturell und landschaftlich vielfältigsten Trekkingregionen, und auch als passionierter Mountainbike-Fahrer kommst du auf deine Kosten. Es gibt zahlreiche Varianten und bei richtiger Einteilung der Strecken keine Probleme mit der Höhe. Hier leben Gurung Thakali und tibetische Völker. Befahrbare Schotterpisten gibt es von Pokhara über *Tatopani* und *Marpha* bis *Jomsom* und weiter bis *Ranipauwa* und *Muktinath*. Auf Wanderungen kann die Piste teilweise durch einen Wechsel auf die andere Flussseite gemieden werden.

Wer nicht gerade für Wochen in die Berge aufbrechen, sondern nur ein bisschen in den Himalaja hineinschnuppern möchte, ist mit Mehrtages-Treks gut aufgehoben – und kann diese, falls gewünscht, entsprechend verlängern. Eine Tour von *Jomsom* (2713 m) nach *Muktinath* (3750 m) *(L7)* dauert beispielsweise von drei bis vier Tagen bis zu drei Wochen, und man übernachtet komfortabel in Lodges. Zehn bis zwölf Tage dagegen bist du im ★ *Annapurna Sanctuary* (4130 m) *(L-M 7–8)* unterwegs. Auch hier kannst Du in Lodges absteigen.

Schon aufwendiger und länger (drei Wochen) ist ein Trek rund um die *Annapurna* *(K–M 7–8)* über Manang, Thorong-Pass (5400 m) und Jomsom. Die Route lässt sich ausbauen, wenn man eine Wanderung rund um den Manaslu *(N–O 7–8)* anschließt. Camping ist auch hier nicht nötig, es kann auf der Runde in *teahouses* übernachtet werden. Vorteil dieses Treks: Er ist nicht so überlaufen wie der Annapurna Circuit, aber ebenso spektakulär. Infos: *manaslucircuittrek.com*.

Von Manag aus führt eine gute, sichere Route in vier Tagen zum *Tilicho-See* *(L7)*, allerdings muss hier ein Zelt mitgenommen werden.

15 DOLPO

Nur mit dem Flugzeug erreichbar

Dolpo (Sanskrit *Dolpa*) ist das mystisch beschriebene Land aus Peter Mathiessens packendem Bericht „Auf der Spur des Schneeleoparden". Es bietet spektakuläre Bergaussichten, authentische tibetische Kultur und Wege voller Yak- und Eselsherden. Allerdings kann man es nur als Gruppe besuchen, die Treks sind lang und komplette Ausrüstung ist nötig. Auch der Trek zum *Mt. Kailash* (Zentrum des Universums oder „Nabel der Welt") und dem *Manasarowar-See* in Tibet *(D–E 1–3)* ist nur als Gruppe möglich und geht in große Höhen. Die Kailash-Umrundung (5630 m) entlang des Pilgerwegs von Nepal nach Tibet ist für Buddhisten und Hindus eine der wichtigsten Pilgertouren – und eine der anstrengendsten. *H–J5–6*

DAS TIEFLAND

TROPENTRÄUME MIT BUDDHAS SEGEN

Elefanten, Nashörner, Tiger: Das fruchtbare Tiefland ist ein Paradies für Tierfreunde. Und dank des subtropischen Klimas perfekt zum Aufwärmen in den Wintermonaten …

Wenn du an Nepal denkst, dann steigen zunächst einmal die himmelhohen Berge des Himalaja vor deinem inneren Auge auf. Doch da gibt es auch noch diesen gerade mal höchstens 40 km breiten, dafür aber 800 km langen Streifen, der an der Grenze zu Indien entlangläuft und den nördlichen Teil der Indus-Ganges-Ebene bildet.

Indien, der mächtige Nachbar im Süden, ist im Terai ganz nah

Rund die Hälfte aller Nepalesen lebt hier. Das Terai ist das Stromland der Gebirgsflüsse, die Kornkammer des Landes: Immerhin 17 Prozent der nepalesischen Landfläche macht das fruchtbare Tiefland aus, das geprägt ist von regelmäßigen Überschwemmungen und Fluss-, Savannen- und Graslandschaften. Touristisch wird das Terai eher vernachlässigt, dabei sind hier mit Lumbini, dem Geburtsort Buddhas, und den Nationalparks Bardia und Chitwan mit ihrem Tierreichtum durchaus lohnende Ziele zu finden.

DAS TIEFLAND

MARCO POLO HIGHLIGHTS

★ **BARDIA NATIONAL PARK**
Einen wild lebenden Tiger beobachten? Hier stehen deine Chancen am besten ➤ S. 102

★ **CHITWAN NATIONAL PARK**
Per Schlauchboot und auf geführter Tour durch eine fantastische Tierwelt ➤ S. 103

JANAKPUR
Die faszinierendste Stadt des Terai: indisches Flair und die einzige Eisenbahnstrecke Nepals ➤ S. 105

LUMBINI
Im Geburtsort von Buddha herrscht zwischen den vielen Tempeln eine ganz besondere Atmosphäre ➤ S. 102

BARDIA NAT. PARK

(📖 D–E 7–8) **Der ★ Bardia National Park, das größte noch unberührte Stück Natur des Tieflands, liegt weitab vom Massentourismus im Westen des Landes.**

Der Park ist längst nicht so überlaufen wie der Chitwan National Park, da er rund 400 km von Kathmandu und damit viel weiter entfernt ist. Aktivitäten wie Jeep- und Flussfahrten, Vogelbeobachtungen, Radtouren und Wanderungen unterscheiden sich jedoch kaum. Allerdings gibt es hier eine größere Vielfalt an Tieren und Pflanzen, und deine Chance, einen Tiger zu sehen, ist größer. Falls du dein Abendessen gerne selbst fängst: Für 2000 Rs pro Tag gibt es im Ticketbüro des Headquarters eine Angelerlaubnis für die Flüsse Karnali und Geruwa. Unterkünfte und Restaurants befinden sich in dem kleinen Tharu-Ort *Tharkurdwara* am Eingang des Parks. Du erreichst den Park entweder per Bus (13 h), Auto oder Flugzeug (via Nepalgunj), Buchung am besten in Kathmandu.

LUMBINI

(📖 J11) **Hier hat eine der großen Weltreligionen ihren Ursprung: der Buddhismus. Siddharta Gautama, der historische Buddha, wurde im Jahr 563 vor unserer Zeitrechnung als Fürstensohn im heutigen ★ Lumbini geboren. Während Buddhas Geburtsjahr immer noch umstritten ist, gelten Geburtsort und Herkunft als wissenschaftlich gesichert.**

Ohne den neu entfachten Hype wäre das etwa 210 km von Pokhara entfernt liegende Lumbini heute im wahrsten Sinne ein gottverlassener Ort in einer der ärmsten Gegenden des Terai. Er hat eine bewegte Geschichte, in der er mehrere Male entdeckt – und wieder vergessen wurde. Bis schließlich 1978 ein Masterplan des japanischen Architekten Kenzo Tange Lumbini wieder auf die Pilgerroute setzte: Ein fast 8 km² großes Areal ist heute eine Art Disneyland für Buddhafreaks. Das hat seinen Charme, gleitet aber in der Extravaganz der Tempelbauten zuweilen in religiösen Kitsch ab.

Der *Lumbini Park (Eintritt frei)* besteht zu etwa gleichen Teilen aus dem Heiligen Garten, der *Klosterzone* mit Tempeln von buddhistischen Gemeinschaften aus aller Welt und dem neuen Lumbini-Dorf. Ein Ort der Ruhe und Kontemplation ist der *Heilige Garten (Eintritt 200 Rs)* mit dem *Maya-Devi-Tempel*, der *Ashokhasäule* und einem *Heiligen Hain*. Hier treffen sich Buddhisten aus aller Welt zur Meditation. Der Weg zum nördlichen Ende des Religionsparks mit dem *Lumbini Museum (Mi–Mo 10–16 Uhr | hinter dem Maya-Devi-Tempel | Eintritt 70 Rs)*, das Buddhas Leben und Wirken nacherzählt, führt durch eine lose Ansammlung buddhistischer Tempel. Da ist der verschnörkelt-verspielte vietnamesische, der golden glänzende aus Myanmar und der an Angkor Wat erinnernde kambodschanische. Der chinesische Tempel strahlt strenge kaiserliche Eleganz aus, während der deutsche Beitrag tief in die Kitschkiste greift. Die Klosterzone wird von einem langen Kanal in die Theravada-Zone im Osten und die Mahayana-Zone im Westen unterteilt, die beiden Hauptrichtungen des Buddhismus vertretend. Am Übergang zur Klosterzone brennt eine ewige Flamme. Jenseits der Hauptstraße thront der strahlend weiße *Weltfriedensstupa*.

Als scharfer Kontrast hierzu ist der eigentliche Ort Lumbini eine eher staubige Angelegenheit. Die meisten Besucher kommen sowieso nur auf einem Tagesausflug hierher und übernachten im nahen *Butwal* oder *Bhairahawa*. Früh werden hier die nicht vorhandenen Bürgersteige hochgeklappt, touristische Infrastruktur abseits der Hotels findet sich kaum.

Seit 1998 gehört Lumbini zum Unesco-Weltkulturerbe. Du erreichst es von Pokhara aus in einer etwa achtstündigen Busfahrt mit Umsteigen in Bhairahawa. Fühlst du dich fit genug , ist die 200 km lange (!) Radtour von Pokhara über Waling, Tansen und Butwal eine (nicht nur) landschaftlich atemberaubende Alternative.

INSIDER-TIPP
Mit dem Rad zu Buddha – überirdisch!

WELLNESS

MEDITATION

Wenn Meditieren, dann dort, wo es schon der historische Buddha getan hat. Kurse für Anfänger und Fortgeschrittene bietet *Panditārāma (Lumbini Garden, Rupandehi District | Tel. 071 71 58 01 18 | panditarama-lumbini.info)* in Lumbini.

Selten anzutreffender Herrscher des Terai: der Tiger

CHITWAN NAT. PARK

(L–N 10–11) **Quizfrage: Du siehst einen Mann im ★ Chitwan National Park im Zickzack über eine Wiese rasen. Warum? Weil er von einem Nashorn verfolgt wird.**

Und weil ein Rhinozeros (Rhino) nicht gut sehen, aber umso besser riechen kann, ist der Zickzackkurs ratsam, während du dich vor einem Tiger möglichst groß machen und ihm nie den Rücken zuwenden solltest. Theoretisch ist ein Elefantenritt die traditionelle und sicherste Methode, den Chitwan National Park zu besichtigen. Da Elefantenreiten jedoch in letzter Zeit zu Recht kritisch hinterfragt wird, empfiehlt sich eine Kombi aus Bootstour und Wanderung. Aus konservato-

Nicht nur wegen seiner Architektur wirkt Janakpur sehr indisch

rischen und Sicherheitsgründen solltest du nur mit einem Führer durch die Natur streifen!

Der Park ist mit 1431 km² riesig und liegt 175 km südwestlich von Kathmandu. Was gibt es zu sehen? Neben den vom Aussterben bedrohten Panzernashörnern, Tigern und Leoparden leben hier 35 Arten von Säugetieren, darunter Lippenbären, Rhesus- und Langurenaffen, Wildschweine, wilde Büffel (Gaur), Rotwild, außerdem die seltenen Gavial-Krokodile sowie Termiten, Schlangen, Schmetterlinge, 450 Vogelarten und Pfauen, die hier ihre Urheimat haben. Im Narayani-Fluss tummelt sich der seltene Süßwasserdelfin. Die beste Zeit für die Tierbeobachtung ist im Mai und Juni, allerdings musst du dann auch feuchte Hitze und Gewitterstürme in Kauf nehmen. Im Winter ist das Klima mit durchschnittlich 20 Grad am angenehmsten, nachts kann es jedoch zuweilen recht frisch werden.

Chitwan war früher ein Geheimtipp unter Großwildjägern. Die Besiedelung des Terai führte in den 1950er-Jahren zu einem drastischen Rückgang von Tier und Wald. Doch einige ökologische Nischen konnten erhalten werden, darunter der Nationalpark – zum Verdruss vieler Dorfbewohner, denen wichtiger Lebensraum entzogen wurde: Der Zugang zu den Früchten des Waldes, zu Brennholz und einer bestimmten Grassorte, die sie für ihre Hausdächer brauchen, wird ihnen verwehrt, dafür dürfen Fremde, die Touristen, hinein. Zusätzlich frisst das nun geschützte Wild die Feldfrüchte. Um den Konflikt zu entschärfen, ist es den Anwohnern einmal pro Jahr erlaubt, im Park Gras zu schneiden.

Du kannst das Naturreservat per Flugzeug, Auto, Bus, Fahrrad oder/und

Schlauchboot (Raft) erreichen. Ein Pauschalarrangement (Übernachtung, Vollpension, Parkgebühren, Touren und lokaler Transport) ist meist der bessere Deal, da die Anreise kompliziert ist, und die Pakete zusätzlich geführte Wanderungen, Kanu- und Jeeptouren sowie Aufführungen von Volkstänzen beinhalten. Sie sind meist flexibel gestaltet und kosten nicht viel mehr als ein Individualarrangement. Übernachtungsmöglichkeit gibt es im idyllisch am Parkrand gelegenen Dorf *Sauraha*, das sich in den letzten Jahren zu einer für nepalesische Verhältnisse recht hippen Partydestination entwickelt hat. In den Bars am Flussufer des Narayani läuft gedämpft Ambience und Trance, während es kühle Drinks zum meist spektakulären Sonnenuntergang gibt. Nach 21 Uhr übernimmt aber auch hier der Dschungel und es chillen nur noch die Tiere. *Eintritt 1500 Rs*

INSIDER-TIPP
Chillen im Dschungel

JANAKPUR

(Q13) **Im Südosten Nepals liegt ★ Janakpur (180 000 Ew.), wohl die faszinierendste Stadt des Terai.** Näher an Indien, sowohl geografisch als auch kulturell, kommst Du in Nepal nirgends. An hinduistischen Feiertagen scheint es hier mehr Pilger als Einwohner zu geben – ein farbenfrohes Spektakel, das an Vollmondnächte in Varanasi erinnert. Hauptziel der Pilger ist der reich verzierte *Janaki Mandir,* ein im Mogulstil gebauter Palast, der mit seiner Liebe zum Detail verzaubert. Setz dich in einen der Innenhöfe und schau dem bunten Treiben zu. Auf dem weiten Platz vor dem Mandir tobt derweil das Marktgeschehen.

Es gibt aber noch mehr zu sehen in Janakpur. Über 120 vor allem hinduistische Tempel kannst du hier entdecken. Auf jeden Fall solltest du dir den *Ram Mandir* anschauen, der ebenfalls Rama gewidmet ist, aber auch kleine, Shiva, Hanuman und Durga geweihte Nebentempel hat. Neben der an naive Malerei erinnernden berühmten Maithili-Kunst werden auch Keramik, Schirmdrucke und Nähereien in der Künstlerkooperative *Janakpur Women's Development Center JWDC (3 km südl., beim Dorf Kuwa | Tel. 041 52 10 80)* angeboten.

Vor allem während eines der vielen hinduistischen Feste platzt die Stadt aus allen Nähten und die ohnehin rar gesäten Unterkünfte mit westlichem Standard sind ausgebucht. Du solltest deine Unterkunft folglich auf jeden Fall vorausbuchen. Was zieht die Pilger nach Janakpur? Es gilt als die im Epos Ramayama erwähnte antike Stadt Mithila, wo Sita, die Inkarnation der Göttin Lakshmi und tragische weibliche Hauptfigur des Epos, Rama, die Inkarnation Vishnus, getroffen haben soll.

INSIDER-TIPP
Pufferküsser aufgepasst!

Gehörst du zu den Eisenbahnfans, kommst du in Janakpur auf jeden Fall auf deine Kosten. Zwar ist die einst einzige Eisenbahn Nepals inzwischen eingestellt, am alten Bahnhof stehen jedoch ein paar Waggons und eine Lok.

Olfaktorisch ist die Stadt eine Herausforderung. Zwar wurde 2017 mit dem Bau einer Kanalisation begonnen, das gesamte Stadtgebiet ist an diese aber noch nicht angeschlossen. *Anreise per Auto, Bus oder Flugzeug*

ESSEN & TRINKEN

Die meisten Imbissbuden und kleinen Restaurants sind auf westliche Gäste nicht eingestellt. Vor allem bei den Straßenständen herrschen indische Hygienestandards. Glücklicherweise gibt es aber auch Ausnahmen.

HOTEL RAMA

Das Hotelrestaurant hat den Charme einer Bahnhofshalle, bietet aber ausgezeichnetes nordindisches Essen. *Mills Area Chowk | Tel. 041 52 00 59 | €€*

ROOFTOP RESTAURANT

Ein kulinarisches Kleinod! Dachterrasse mit Blick auf die Pilgerströme und ausgezeichnetes nepalesisches und indisches Essen. Abends Tandoori-Gerichte aus dem Lehmofen. *Tgl. | Street Station Rd auf Höhe des Dhanusa Sagar | Tel 041522840 | €*

RUND UM JANAKPUR

1 KOSHI TAPPU WILDLIFE RESERVE

170 km / 3,5 Std. mit dem Auto

Der kleinste Park im Terai gilt als Paradies für Vogelbeobachter. Das selten besuchte Naturschutzgebiet ist Rastplatz für fast 500 Arten von Wasservögeln. Weiterhin kannst du hier die letzte Herde wilder Wasserbüffel *(arnaa)*, Rotwildarten, blaue Bullen *(nilgai)*, Wildschweine, Gavial-Krokodile, Axishirsche *(chital)* und, mit ganz viel Glück, Gangesdelfine sehen. Tiger und Nashörner gibt es hier aber nicht.

Der Sapta-Koshi-Fluss teilt den Park in einen Ost und Westteil. Der Westteil ist nicht zugänglich, im Ostteil werden geführte Touren mit Bootsfahrt und Trekking angeboten.

INSIDER-TIPP **Bummel über den Markt**

Schau dich auf jeden Fall auch in den umliegenden Dörfer um. Vor allem auf den Märkten in Prakashpur und Madhuwan findet sich ein Querschnitt von allem, was im Terai wächst, gedeiht und hergestellt wird. Du kannst den Park per Auto oder per Flugzeug (nach Biratnagar, 55 km südöstlich) erreichen. Besuch den Park am besten im Rahmen einer geführten Tour, die in Kathmandu von fast allen Veranstaltern angeboten wird. *Eintritt 1500 Rs | T13–14*

ILAM

(W13) **Der beschwerliche Weg lohnt sich: Ilam liegt in der Teeanbauregion und lockt mit charmantem Kleinstadtleben.**

Herzlichen Glückwunsch! Du bist einer der wenigen westlichen Besucher, die es nach Ilam geschafft haben. 24 Stunden bist du im Bus gesessen, rund 500 km ging es von Kathmandu immer Richtung Südosten und auf den schwindelnden Passstraßen hast du dir die Augen zugehalten. Und was nun? Ilam Basar ist eine der wenigen untouristischen Städte Nepals, die eine gewisse touristische Infrastruktur hat. Das ist kein Widerspruch, durch den Teeanbau ist die Region zu bescheidenem Wohlstand gekommen: Teeplantagenbesitzer wollen gut essen und Teehändler brauchen ein Dach über dem Kopf. Daher hast du die Chance, hier nepalesisches Kleinstadtleben hautnah mitzuerleben, ohne auf Annehmlichkeiten wie gutes Essen und eine Dusche zu verzichten.

Wanderungen rund um den Ort führen durch Teeplantagen, die sich malerisch die Hügel hinaufziehen. Wenn man die terrassierten Hänge heute sieht, kann man kaum glauben, dass hier erst seit 150 Jahren Tee angebaut wird. Ilam ist zudem Ausgangspunkt für die selten begangene mehrwöchige Trekkingtour zum Kanchanjunga Basecamp und die weniger anspruchsvolle Wanderung zum Mai-Pokhari-See. Agenturen in Kathmandu bieten beides an. Bist du abenteuerlustig, kannst du auch auf eigene Faust die kaum befahrene, mit ihren engen Serpentinen spektakuläre Passstraße entlangwandern, die 6 km östlich von Birtamod vom East-West-Highway abzweigt. Einfache Übernachtungsmöglichkeiten gibt es nach jeweils einem Drittel der Strecke in Phikkal und an der Maikhola Brücke.

INSIDER-TIPP
Drei Highlights mit einer Klappe

Die Anreise nach Ilam kannst du mit einem Besuch Janakpurs und des Koshi Tappu Wildlife Parks verbinden, das schont das Sitzfleisch und es sind (nur) noch jeweils acht Stunden Busfahrt. Alternativ ist ein Flug von Kathmandu nach Biratnaga mit anschließender Busfahrt nach Ilam möglich.

Die beschwerliche Anreise lohnt: Ilam ist ein wenig besuchtes, grünes Teeparadies

ERLEBNIS TOUREN

Lust, die Besonderheiten der Region zu entdecken? Dann sind die Erlebnistouren genau das Richtige für dich! Ganz einfach wird es mit der MARCO POLO Touren-App: Die Tour über den QR-Code aufs Smartphone laden – und auch offline die perfekte Orientierung haben.

1 NEPAL PERFEKT IM ÜBERBLICK

- Durchs Kathmandutal in den Westen nach Pokhara
- Der Himalaja – zum Greifen nah
- Vom tropischen Dschnugel zurück in Kathmandus Höhen

Start: Kathmandu
Ziel: Kathmandu

1250 km
11 Tage, reine Fahrzeit 30 Stunden

Kosten: Mietwagen 60–85 Euro/Tag mit Fahrer, Eintritte, Übernachtungen, Essen, Aktivitäten ca. 900 Euro/Person

Brücke bei Mugling

MIT DER SEILBAHN ZUR GÖTTIN

Von der lebhaften Metropole ❶ **Kathmandu ➤ S. 46** aus *startest du Richtung Westen. Auf dem Prithvi Highway nach Pokhara* gönnst du dir nach einem Mittagessen im ❷ **Riverside Springs Resort** *(Tel. 056 54 01 29; Buchung in Patan: Tel. 01 5 54 66 96 | rsr.com.np | €€-€€€) die Fahrt mit der Seilbahn hoch nach* ❸ **Manakamana ➤ S. 60** zum **Tempel der Göttin Baghavati**. *Zurück auf der Hauptstraße fährst du ins Newar-Städtchen* ❹ **Bandipur ➤ S. 94**, wo du im **Bandipur Organic Home** *(11 Zi. | Tel. 06 5 69 06 40 | hotelbandipur organichome.com | €€)* übernachtest.

ERST FLANIEREN, DANN RUDERN

Atme bei einem morgendlichen Spaziergang zur **Seidenfarm ➤ S. 95** den Flair des ehemaligen Handelsdorfes ein und starte nach dem Mittagessen im **Old Inn ➤ S. 95** *nach Pokhara. 20 km vor der Stadt biegst du nach rechts zum* ❺ **Begnas-See ➤ S. 93** *ab.* Stärke dich erst bei einer Tasse lokal produziertem Kaffee im ❻ **Rupa View Guest House** *(Tel. 098 56 02 38 28 | €)*, das malerisch auf dem Hügel zwischen Begnas und Rupasee liegt, bevor du dich auf eine entspannte ❼ **Bootstour** *(überall am Seeufer)* aufs Wasser begibst.

TAG 1
❶ Kathmandu
102 km
❷ Riverside Springs Resort
46 km
❸ Manakamana
51 km
❹ Bandipur
67 km

TAG 2
❺ Begnas-See
2 km
❻ Rupa View Guest House
3 km
❼ Bootstour
14 km

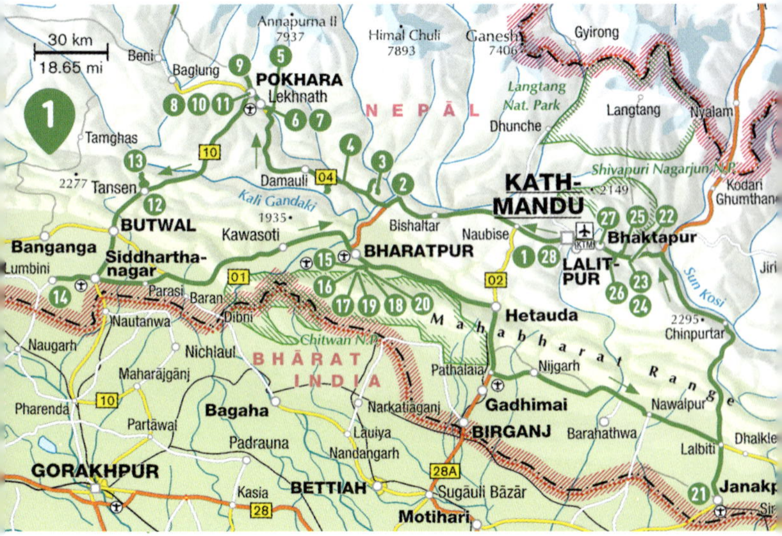

⑧ Pokhara

13 km

Zum Übernachten *fährst du weiter nach* ⑧ **Pokhara ➤ S. 84**. Steig dort für zwei Nächte im **Hotel Milarepa** *(23 Zi. | Tel. 061 46 40 85 | hotelmilarepa.com.np | €€)* ab, Abendessen gibt's im **Aankhi Jhyal Restaurant** *(tgl. ab 6.30 Uhr | Gauri Marg | Tel. 061 46 40 06)*.

TAG 3

⑨ Sarangkot

9 km

⑩ Pokhara

13 km

VON SONNENAUFGANG BIS HÖHLENDUNKEL

Heute erwartet dich ein ereignisreicher Tag! Steh also zeitig auf, *fahr hoch nach* ⑨ **Sarangkot ➤ S. 92** und erlebe einen fantastischen Blick auf den Sonnenaufgang im Annapurna-Gebirge. *Zurück in* ⑩ **Pokhara**, steigst du mit **Phoenix Paragliding ➤ S. 36** in die Lüfte und genießt danach authentische, tibetische Momos im **Potala Tibetan Restaurant ➤ S. 88**, *bevor du mit dem Boot zum* **Friedens-Stupa ➤ S. 91** *übersetzt. Geh auf der anderen Seite den Hügel hinunter*, und besuch die **Gupteswar-Mahadev-Höhlen ➤ S. 90**. *Mit dem Taxi zurück in Lakeside*, lass dir abends die Steinofenpizza im ⑪ **Café Concerto ➤ S. 88** schmecken.

⑪ Café Concerto

130 km

TAG 4–5

KURVENREICH IST DER WEG IN DIE TIEFE

Nach einer weiteren Nacht *machst du dich nach dem Frühstück auf den kurvenreichen Weg über den Siddartha*

Highway, sodass du gegen Mittag ⑫ **Tansen** ➤ S. 96 erreichst. Wander nach dem Mittagessen im **Nanglo West** *(Tundikhel Road | Tel. 075 52 01 84 | €)* hinunter zum ⑬ **Ranighat Palace**. Dein Fahrer bringt dich zurück nach Tansen *und dann in die Terai-Tiefebene bis nach* ⑭ **Lumbini** ➤ S. 102. In der Geburtsstadt Buddhas quartierst du dich für zwei Nächte im **Mirage Inn** *(18 Zi. | Tel. 07 71 58 00 83 | hotelmirageinn.com | €€)* ein, wo du auch zu Abend isst.

INSIDER-TIPP
Fahren statt laufen

IN BUDDHAS WOHNZIMMER

Für die ca. 10 km lange Fahrt durch die sehr weitläufige Tempelzone mietest du eine *Rikscha (800 Rs)* am Eingang von Lumbini Bazaar. Besuch als erstes den **Maya-Devi-Garten** ➤ S. 102, dann alle weiteren Sehenswürdigkeiten. Direkt vor dem **deutschen Tempel** lädt ein **kleiner Park** zum Picknick ein – Wasser und Snacks musst du vor der Tour kaufen. *In ca. 30 Minuten kommst du von da zum* **Friedens-Stupa** *im Norden der Zone. Von einer nahen Kruezung weiter östlich fährt ein Bus zurück nach Lumbini Bazaar.*

DIE ELEFANTEN BITTEN ZUM RENDEZVOUS

Nach ca. 3,5 Stunden Fahrt durch die Felder des Terai kommst du im ⑮ **Chitwan National Park** ➤ S. 103 an. Die ⑯ **Sapana Village Lodge** *(30 Zi. | Tel. 056 58 03 56 | sapanalodge.com | €€)* bietet für die nächsten beiden Nächte wunderbare Zimmer. Mach einen Spaziergang am Flussufer bevor du am späteren Nachmittag im ⑰ **Elephant Breeding Center** *(Baadreni Road | Royal Chitwan National Park | Bharatpur | 60 Rs)* auf Tuchfühlung mit den Dickhäutern gehst.

DSCHUNGEL UND DORFLEBEN

Durchstreif am nächsten Morgen bei der vorab gebuchten ⑱ **Dschungeltour** *(1400 Rs)* den Urwald. Den Nachmittag verbringst du im ⑲ **Chitwan Tharu Villlage** nahe der Sapana Village Lodge, um authentisches Dorfleben zu schnuppern, bevor der Tag bei einem Abendessen im ⑳ **KC's Restaurant** *(Tgl. | Sauraha | Tel. 98 55 06 64 83 | kcsrestaurant.com)* zu Ende geht.

⑫ Tansen
12 km
⑬ Ranighat Palace
89 km
⑭ Lumbini
172 km

TAG 6
⑮ Chitwan National Park
300 m
⑯ Sapana Village Lodge
6 km
⑰ Elephant Breeding Center
14 km

TAG 7
⑱ Dschungeltour
4 km
⑲ Chitwan Tharu Villlage
3 km
⑳ KC's Restaurant
231 km

TAG 8
㉑ Janakpur
189 km
TAG 9
㉒ Kanodada Namobuddha Resort
2 km
TAG 10
㉓ Thrangu Tashi Yangtse Monastery
450 m
㉔ Vajra Dhatu Stupa
14 km
㉕ Dhulikhel
7 km
TAG 11
㉖ Panauti
18 km
㉗ Bhaktapur
21 km
㉘ Kathmandu

UND JETZT IST INDIEN GANZ NAH …

Rund 230 km legst du heute noch einmal in der Steppe zurück, bevor du im Juwel des Ostens, in ㉑ **Janakpur ➤ S. 105** *ankommst.* Besuch als erstes den kuriosen **Bahnhof**, der einst den Startpunkt für Nepals 60 km lange Bahnstrecke bildete, bevor du zum **Janaki Mandir** schaust, der besonders abends seinen Zauber entfaltet. Übernachte im **Hotel Rama** *(40 Zi. | Tel. 041 52 00 59 | €).*

WILLKOMMEN ZURÜCK AM HIMALAJA

Heute verlässt du den Terai wieder und fährst zurück ins kühlere Hügelland. Verpass nicht die Abzweigung in Kashikanda auf die Phulbari Road zum ㉒ **Kanodada Namobuddha Resort** *(15 Zi. | Tel. 01 6 91 22 12 | namobuddharesort.com | €€–€€€).* Erhol dich von der langen Fahrt im Garten mit tollem Himalaja-Blick.

KLÖSTER, STUPAS, PILGER UND VIEL FLAIR

Besuch nach dem Frühstück das nahe Kloster ㉓ **Thrangu Tashi Yangtse Monastery** und den ㉔ **Vajra Dhatu Stupa ➤ S. 73** in der Pilgerstadt Namobuddha. *Fahr nachmittags ins 14 km entfernte Newar-Städtchen* ㉕ **Dhulikhel ➤ S. 72** und übernachte im **Dhulikhel Lodge Resort** *(52 Zi. | Buchung in Kathmandu: Tel. 01 4 99 13 53 | dhulikhellodgeresort.com | €€–€€€).*

Reise in die Vergangenheit: historisches Flair in Bhaktapur

KATHMANDU REVISITED

Wirf in ㉖ **Panauti ➤ S. 73** einen Blick in den **Indreshwar-Mahadev-Tempel**, *bevor du* ㉗ **Bhaktapur ➤ S. 67** *ansteuerst*, um dort über den **Durbar Square** und durch die Straßen und Gassen zu schlendern. *Nach weiteren 20 km bist du zurück in* ㉘ **Kathmandu ➤ S. 46**, wo du im **Hotel Vajra** *(51 Zi. | Bijyaswari, nahe Swayambhunath | Tel. 01 4 27 15 45 | hotelvajra.com | €–€€)* Quartier beziehst, um die Metropole zu erkunden.

2 AUF DEN SPUREN DER GÖTTER

- Zu Fuß und mit dem Bus das Kathmandutal erkunden
- Das Glück in den Bergen: fantastische Ausblicksmomente
- Die tiefe Religiosität an den Tempeln spüren

Pashupatinath | Bhaktapur
35 km | 3 Tage, reine Gehzeit 10 Stunden
sehr leicht | ca. 800 m

Kosten: Essen, Übernachtung ca. 150 Euro/Person
Achtung: Im Winter sind die Zimmer nicht beheizt.

TAG 1

1 Pashupatinath – 14 km – 2 Sankhu – 4 km

WO DER GLAUBE AN DIE GÖTTER LEBENDIG IST

Starte deine Tour am frühen Morgen in 1 **Pashupatinath ➤ S. 65** und beobachte gelebten Hinduismus, wenn die in rote Saris gehüllten Frauen mit Blumen und Obst zum Puja-Ritual zu Ehren Shivas kommen. *Eine kleine Seitenstraße führt in 20 Min. vom Nordende Pashupatinaths direkt nach* **Boudhanath ➤ S. 63** (oder Boudha). Trink einen Kaffee im **Flavor's Café ➤ S. 65**, bevor du dreimal im Uhrzeigersinn den **Boudha-Stupa ➤ S. 64** umkreist – oder einfach nur das Treiben beobachtest. Nach der mentalen Stärkung isst du im nahen **Patio 747 ➤ S. 65**, bevor du *vor dem Haupteingang den Bus ins 30 Minuten Fahrt entfernte* 2 **Sankhu ➤ S. 67** nimmst. Viele der traditionellen Häuser der Innenstadt von Sankhu sind beim Erdbeben 2015 zerstört worden. Dennoch findet man viele kleine Tempelanlagen und Pilgerstätten wie den **Salinadi-Tempel**, die lebendige Religion bezeugen und den Besuch im Dorf zu einem einzigartigen Erlebnis machen. In der Nähe warten im **De'Chefs Restaurant & Resort** *(8 Zi. | Tel. 01 445 05 77 | facebook.com/dechef.resort | €)* einfache Zimmer und ein gutes Abendessen auf dich. Lass dich nach diesem ereignisreichen Tag von den Fröschen in den Schlaf singen.

TAG 2

3 Vajrayogini-Tempel

15 km

4 Jaharsing

7 km

5 Nagarkot

13 km

TAG 3

6 Changu Narayan

6 km

7 Bhaktapur

ÜBER DIE HÜGEL ANS ENDE DES UNIVERSUMS

Wander nach dem Frühstück *eine Stunde hoch zum* 3 Vajrayogini-Tempel ➤ S. 67, wo du einen tollen Blick auf Sankhu hast. *Nimm, zurück in Sankhu, einen der stündlich verkehrenden Busse f nach* 4 Jaharsing und leg im Snow View Mountain Resort *(Tel. 01 621 12 28 | €)* eine Mittagspause bei leckerem *tibetan roti* ein. *Ein zweistündiger Marsch führt dich nun über Hügel* mit einzigartiger Aussicht nach 5 Nagarkot ➤ S. 71 und ins Hotel at the End of the Universe *(16 Zi. | Tel. 01 66 80 011 | endoftheuniverse.com.np | €).*

EINMAL BÜFFELZUNGE, BITTE!

INSIDER-TIPP
Frühaufsteher erleben mehr

Steh unbedingt früh auf, um die ersten Sonnenstrahlen auf den Himalaja nicht zu verpassen. Nimm genug Trinkwasser mit für die *3- bis 4-stündige Wanderung nach* 6 Changu Narayan ➤ S. 71, *bei der es die meiste Zeit leicht bergab geht.* So gegen Mittag dürftest du den ältesten Tempel Nepals erreichen. Nach der Besichtigung *gehst du weiter Richtung Süden bis du auf die Stadttore* 7 Bhaktapurs ➤ S. 67 stößt. Quartier dich im Peacock Guest House *(14 Zi. | Tel. 01 6 61 18 29 | peacockguesthousenepal.com | €€)* ein. An den meisten Abenden treten Bhajan-Sänger am Dattatraya-Tempel vor dem Guesthouse auf und manchmal wird er erleuchtet. Sei mutig beim Abendessen im **De Arena Restaurant** ➤ S. 69 – und bestell die Newari-Spezialität Büffelzunge *(zebro)*.

③ ZU DEN GIGANTEN DES HIMALAJA

- ➤ **Mit dem Flieger nach Lukla – ein echtes Abenteuer!**
- ➤ **Trekking im Angesicht der mächtigen Himalajagipfel**
- ➤ **Am zweiten Tag wartet der erste Blick auf den Everest**

Start	Kathmandu	Ziel	Kathmandu
Strecke	65 km	Dauer	8 Tage, reine Gehzeit 30 Stunden
Schwierigkeit	schwer	Höhenmeter	ca. 4000 m

ⓘ Pauschalpreis für Trekkingtour: 650 bis 850 Euro/Person. Beste Monate: April/Mai und Okt./Nov. Langsam an die große Höhe akklimatisieren! Trekkingagenturen s. S. 39

DER LOCKRUF DES HÖCHSTEN

TAG 1

① Kathmandu – 135 km – ② Lukla – 7 km – ③ Phakding – 6 km

Alle, die den höchsten Berg der Welt sehen wollen, schließen sich am besten einer organisierten Tour an. Dennoch wird sie im Folgenden als individuelle Variante beschrieben. *Mit einem Kleinflugzeug geht es von* **① Kathmandu** ➤ S. 46 zu einem der am spektakulärsten gelegenen Flugplätze der Welt. In **② Lukla** ➤ S. 63 kannst du auf 2860 m Höhe erst einmal ein gutes Frühstück genießen – bei Da Futi Sherpa und ihrem Mann Ang Pasang in der **Paradise Lodge** *(Tel. 38 55 00 29)* rechts neben dem Flugplatz. Ihnen kann man, falls nötig, die Rückflugtickets geben, damit sie sich um deren Bestätigung am Vorabend kümmern können. *Von Lukla geht es auf einem gut begehbaren Weg mit geringer Steigung in fünf Stunden nach* **③ Phakding** (2620 m). Du schläfst in der **Shangri La Lodge** *(Tel. 984 1 83 41 90 | €)*, in kalten Nächten stellt Ang Sangi eine Heizdecke bereit.

TAG 2

4 Sagarmatha National Park

3 km

5 Namche Hill

2 km

6 Namche Bazaar

15 km

TAG 3–4

TA-DAAA! EIN ERSTER BLICK AUF DEN EVEREST

Heute geht es in 6 bis 7 Stunden in die Hauptstadt der Sherpas. *Von Phakding führt der Weg flussaufwärts zum Eingang des* ★ 4 **Sagarmatha National Park** ➤ S. 63. Im Raum neben dem Registrationsbüro befindet sich ein Gebirgsrelief des Himalaja, das du nicht verpassen solltest. *Nach der Überquerung der 70 m hohen* **Hillary-Hängebrücke** *kommst du zum legendären* 5 **Namche Hill** – ein steiler Aufstieg von 600 m, den man langsam angehen solltest, schließlich bist du auf einer Höhe von über 3000 m. Sofern es nicht bewölkt ist, siehst du an der vierten Serpentine Richtung Norden den Mount Everest. In 6 **Namche Bazaar** (3440 m) übernachtest du zweimal in der **Moonlight Lodge** *(Tel. 38 54 00 88 | natangsherpa@hotmail.com).*

INSIDER-TIPP
Über den Mini-Himalaja staunen

APFELSTRUDEL MEETS SHERPA-KULTUR

Die beste Akklimatisierung ist Ruhe: Genieß hausgemachten Apfelstrudel in **Herman Helmars Bakery** *(facebook.com/HermanHelmars)*, samstags ist in Namche außerdem der bunte **tibetische Markt**. Mehr über

Kloster mit Berg: Tengboche liegt in spektakulärer Gebirgsnatur

die Sherpas erfährst du im **Sherpa-Kulturmuseum (Sherwi Khangba Center)** *(sherpa-culture.com.np) im oberen Teil des Dorfes.* Danach bietet sich ein vierstündiger Ausflug zum **Everest View Hotel** *(hoteleverestview.com)* in Syangboche an: Von der Terrasse eines der höchstgelegenen Luxushotels der Welt hat man einen herrlichen Blick auf Everest, Lhotse & Co.

ÜBERALL ACHTTAUSENDER

Am nächsten Morgen wanderst du weiter, nach einem kurzen Anstieg in 6 bis 7 Stunden nach Tengboche, wobei du immer den Mount Everest vor Augen hast. Nach dem Mittagessen in einem einfachen **7 Restaurant am Dudh-Kosi-Fluss** *in Phunki Drengka geht es ca. zwei Stunden bergauf zum Klosterdorf* **8 Tengboche** (3870 m). Wenn du dich an den 8000ern sattgesehen hast, *steig noch einmal 20 Minuten ab bis nach* **9 Deboche** (3820 m). *Hier liegt im Rhododendronwald die komfortable* **Rivendell Lodge** *(Tel. 980 3 52 78 94, 980 3 64 12 10 | khumburivendell.org).*

UND JETZT: MEISTENS BERGAB

Auf dem Rückweg nach Lukla steht zunächst ein kurzer Anstieg nach Tengboche an, dann geht es bergab zum Fluss und nach einem weiteren Anstieg triffst du auf den breiten Weg nach **10 Namche Bazaar**. Dort übernachtest du wieder in der **Moonlight Lodge**. *Nach* **11 Phakding** *gehst du am nächsten Tag 10 km meist bergab,* du übernachtest erneut in der **Shangri La Lodge**.

DAUMEN DRÜCKEN FÜR GUTES WETTER

Der letzte Tag *führt dich nach* **12 Lukla** ➤ S. 63 für den Rückflug nach **1 Kathmandu** ➤ S. 46. Die Kleinflugzeuge starten nur bei gutem Wetter – ein Abschied von den höchsten Bergen der Welt mit tollen Ausblicken.

TAG 5
7 Restaurant am Dudh-Kosi-Fluss
2 km
8 Tengboche
800 m
9 Deboche
10 km
TAG 6 & 7
10 Namche Bazaar
11 km
11 Phakding
8 km
TAG 8
12 Lukla
135 km
1 Kathmandu

4 KULT(O)UR RUND UM POKHARA

- **Blühendes Leben vor den Schneehäuptern der Berge**
- **Die Sonne vom Panchase Peak aus aufgehen sehen**
- **Zu Besuch in den kleinen Dörfern von Nepals Westen**

Start: Pokhara	Ziel: Pokhara
69 km	4 Tage, reine Gehzeit 19 Stunden
leicht	ca. 500 m

Kosten: Ca. 270 Euro Pauschalpreis für Trekkingtour, Himalayan Trails *(himalayan-trails.com)*.
Beste Zeit: Okt.–Mai; Tageswanderungen enden an Schotterstraßen mit Rückfahrtmöglichkeit nach Pokhara.

TAG 1
1 Pokhara
10 km
2 Pumdi Bhumdi
15 km
TAG 2
3 Panchase Bhanjyang
2 km
TAG 3
4 Panchase Peak
8 km

VOM BOOT AUF DEN WANDERPFAD

Los geht es in 1 **Pokhara** ➤ S. 84 *mit einer Bootstour über den* **Phewa-See** ➤ S. 87. *Vom* **Wald der Königin** gelangst du *auf einem Pfad zu den Stufen zum* **Friedens-Stupa** ➤ S. 91 mit sagenhaftem Panorama. *Dann geht es bergab zu einer Schotterstraße, auf der du das Dorf* 2 **Pumdi Bhumdi** *(nepalruraltourism.com/pumdibhumdi)* erreichst. Übernachte in der **Bhumdi Homestay Lodge**, einem einfachen Gasthaus *(Gehzeit 3 Std., 15 km)*.

DREI ACHTTAUSENDER ALS FOTOMOTIV

Genieß den heutigen Tag, die Vielfalt der Pflanzen und Bäume vor der Kulisse gigantischer schneebedeckter Berge ist einzigartig. Am Ende des Tages *triffst du wieder auf die Schotterstraße, die nach* 3 **Panchase Bhanjyang** (2065 m) führt *(Gehzeit 4 Std. 10 km)*. Von der **Sunset View Lodge** hast du einen herrlichen Blick auf drei 8000er: Dhaulagiri I, Annapurna I und Manaslu.

GIPFELSTURM ZUM SONNENAUFGANG

Heute steht der Höhepunkt des Treks *(Gehzeit: ca. 3 Std; 9,5 km)* an: die Besteigung des 2500 m hohen 4 **Pan-**

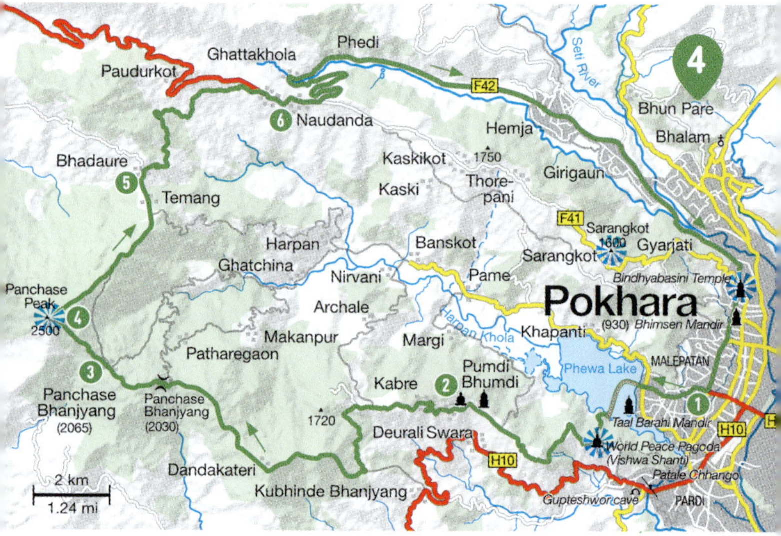

chase Peak. Wer den Sonnenaufgang vom Gipfel sehen will, sollte frühzeitig aufbrechen. Danach geht es gemütlich *bergab in das Dorf* ❺ **Bhadaure** (1670 m), du übernachtest in der **Green View Lodge**.

❺ Bhadaure
8 km

DIE BELOHNUNG: GENUSS AM SEEUFER

Über Steinstufen gelangst du wieder zur Schotterstraße, die sich durch kleine Dörfer schlängelt. Nach ca. zwei Stunden erreichst du ❻ **Naudanda**. *Von hier geht es mit dem Taxi zurück nach* ❶ **Pokhara** ➤ S. 84, zum Mittagessen im **Potala Tibetan Restaurant** ➤ S. 88 *am See!*

TAG 4
❻ Naudanda
26 km
❶ Pokhara

Entspannt auf dem Wasser: Bootstour auf dem Phewa-See

GUT ZU WISSEN

DIE BASICS FÜR DEINEN URLAUB

ANKOMMEN

ANREISE

Qatar Airways (qatarairways.com) und *Etihad Airways (etihad.com)* starten ab München und Frankfurt, *Gulf Air (gulfair.com)* ab Frankfurt. Nach Nepal fliegen außerdem u. a. *Air Arabia (airarabia.com)* via Sharjah, *Air China (airchina.de)* via Lhasa oder Chengdu, *Biman Bangladesh (biman-airlines.com)* via Dhaka und *Thai Airways (thaiairways.com)* via Bangkok. Bei allen Verbindungen ist Umsteigen nötig. Die Preise bewegten sich bei Redaktionsschluss je nach Saison zwischen 700 und 1400 Euro in der Touristenklasse. Von Westen kommend, solltest du versuchen, links zu sitzen, um die Himalajakette besser sehen zu können, von Osten kommend rechts.

+ 4 Std. 45 Min. Zeitverschiebung

Während der Sommerzeit ist Nepal der europäischen Zeit 3 Stunden und 45 Minuten voraus.

Vor der Visaerteilung kannst du zollfrei einkaufen und Geld wechseln. Beim Gepäckband, wo auch der Zoll liegt, gibt es kostenlose Trolleys. Träger erwarten 50 Rs pro Gepäckstück. In der Ankunftshalle findest du das Tourist Office, hier kannst du dir ein Hotelzimmer buchen lassen sowie eine Taxifahrt zum Hotel zu festen Preisen.

Man kann auch über den Landweg aus China (Kodari, Rasuwagadhi) oder Indien (Kharkavitta, Birgunj, Sunauli, Nepalgunj, Dhangadhi, Mahendranagar) einreisen. *Visa on Arrival* gibt es überall (außer Rasuwagadhi). Direktbusse verkehren von New Delhi und Lhasa aus nach Nepal.

Wild und abenteuerlich kann das Trekking in Nepals grandioser Natur sein

EINREISE

Dein Reisepass muss noch ein halbes Jahr gültig sein. Ein Visum erhältst du bei der Einreise: Für 15 Tage kostet es 30 US-$, für 30 Tage 50 US-$, für 90 Tage 100 US-$, ein Tages-Transitvisum schlägt mit 5 US-$ zu Buche (Formular vor der Reise unter *konsulatnepal.de* herunterladen und ausfüllen). Halte ein Passfoto bereit.

Touristenvisa sind an der Grenze billiger als im Konsulat. Lass bei der Ankunft Luxusgegenstände im Pass deklarieren und zeig den Eintrag bei der Ausreise wieder vor. Der Zoll hat bei der Einreise ein scharfes Auge auf Videokameras, Computer u. Ä. *nepalimmigration.gov.np*

KLIMA & REISEZEIT

Die schönste Reisezeit ist von Ende September bis Ende Oktober: Nach dem Monsun ist alles grün, die Sicht klar, die Temperaturen sommerlich.

Adapter Typ D

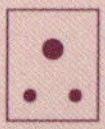

Adapter Typ M

Netzspannung: 220 V, 50 Hertz. Steckdosen für Flachstecker. Es gibt kontrollierte Stromabschaltungen (mit der App Loadshedding+ bist du über die Zeitpunkte informiert), größere Hotels haben meist einen Generator.

Die zweite Hauptsaison ist März, heiß und staubig ist es bis zum Monsunbeginn Mitte Juni (gewaltige Gewitterstürme!). Dagegen regnet es während des Monsuns bis Mitte September meist sanft, oft nachts. Die kältesten Monate sind Dezember, Januar und Februar. Schnee ist im Kathmandutal unbekannt.

WEITER-KOMMEN

AUTOVERMIETUNG & TAXI

In Nepal herrscht Linksverkehr. Mietwagen können nur in den größeren Städten gebucht werden und kommen meist mit Fahrer – das kostet nicht viel mehr und ist ohnehin empfehlenswert. Für Sightseeing im Kathmandutal fallen 4000 Rs inkl. Benzin pro Tag an, bei Langstrecken 7000 Rs pro Tag ohne Benzin. Taxis haben ein schwarzes Nummernschild mit weißen Buchstaben und ein Taxameter – wird es nicht angestellt, musst du den Preis vor der Abfahrt aushandeln und es wird meist teurer. Nach 20 Uhr gibt es gesetzlich geregelt einen 50-Prozent-Aufschlag.

ÖFFENTLICHE VERKEHRSMITTEL

Du kannst Busse, LKWs, Flugzeuge, Taxis, Elektrotaxis *(safa)* und Fahrradrikschas (Preis vorher aushandeln) nutzen. Alle Stadtfahrten mit dem Bus kosten nur wenige Rupien. Die meisten Überlandbusse fahren vom *Buspark in Gongabu* im Norden Kathmandus ab. Besser reist man jedoch in Touristenbussen nach Dhulikhel, Nagarkot, Pokhara und Chitwan z. B. von *Greenline (Tridevi Marg | Thamel | Tel. 01 4 25 38 85 | greenline.com.np).*

Mit kleinen Maschinen und Hubschraubern werden 44 nationale Flughäfen und 96 Helikopterplätze im Land angeflogen. Während des Monsuns kommt es zu wetterbedingten Einschränkungen!

IM URLAUB

AUSKUNFT

Nepal Tourism Board (NTB)
Bhrikuti Mandap, Kathmandu | Tel. 01 4 25 69 09 | welcomenepal.com

Deutsche Gesellschaft für Internationale Zusammenarbeit (GIZ)
Neer Bhawan, Sanepa, Patan | Tel. 01 5 52 32 28 | giz.de

BANKEN

Geld kann man im Kathmandutal und in Pokhara offiziell in autorisierten Wechselstuben tauschen. Bessere Hotels, Souvenirshops oder Reiseagenturen akzeptieren Kreditkarten. Die meisten Geldautomaten schlucken EC-Karten *(499 Rs Gebühr; nur Maestro, nicht V-Pay),* Visa- und Master-Kreditkarten. An vielen Bankautomaten sind die Abhebungen bei 10 000 Rs limitiert. Bei der *Himalayan Bank* kann man bis zu 40 000, bei der *Nabil Bank* bis zu 35 000 Rs auf einmal abheben. Banken haben sonntags bis donnerstags 10–14, freitags bis 12 Uhr geöffnet.

FEIERTAGE

Viele der u. a. religiösen Feste sind auch gesetzliche Feiertage, und manchmal beschließt die Regierung auch spontan, dass am nächsten Tag ein Feiertag ist. Öffentliche Stellen und Schulen bleiben dann geschlossen, aber ansonsten geht das Leben seinen gewohnten Lauf. Die einzigen Feiertage, die du als Tourist spürst, sind Dassain und Tihar im Oktober/November.

FESTE & EVENTS
RUND UMS JAHR

RELIGIÖSE FESTTAGE

Die Zahl der religiösen Feste in Nepal und deren Vielfalt ist überwältigend. Insgesamt gibt es mehr Feierlichkeiten als Kalendertage im Jahr.

FEBRUAR/MÄRZ (ALGUN)

Losar: Tibetisches Neujahr. Prozessionen in Boudhanath

Shivaratri: Großes Treffen von Hindu-Pilgern und *sadhus* (Wanderheiligen) an Neumond in Pashupatinath

★ **Holi:** Frühlingsfest, bei dem mit Puder und (farbigem) Wasser geworfen wird. Also entweder alte Kleidung anziehen oder bis 16 Uhr im Hotel bleiben. Thamel meiden!

APRIL/MAI (BAISAKH)

Nep. Neujahr: 13. oder 14. April

Rato Machhendranath: Großes Wagenfest in Patan

Buddha Jayanti: Buddhas Geburtstag zum Vollmond im Mai. Viele Pilger vor allem in Swayambhunath

JULI/AUGUST (SHRAWAN)

Geburtstag Dalai Lama: Buntes Fest mit Tänzen am 6. Juli in Boudhanath

Gai Jatra: Karnevalähnliches Fest am Tag nach Vollmond.

SEPTEMBER/OKTOBER (ASWIN)

★ **Indra Jatra***:* Spektakuläres Fest in Kathmandu zu Ehren Indras

OKTOBER/NOVEMBER (KARTIK)

Dassain: Wichtiges Hindu-Fest, an fünf von zehn Tagen des Festes ist fast alles geschlossen, Flüge und Überlandbusse sind lange vorher ausgebucht.

Tihar oder Diwali: Lichterfest zu Ehren Lakshmis, der Göttin des Reichtums und Glücks

VERANSTALTUNGEN

Einmal im Jahr findet in Kathmandu das **Jazzfestival Jazzmandu** *(jazzmandu.org)* und jedes zweite Jahr das **Kathmandu International Mountain Film Festival** *(kimff.org)* statt.

FOTOGRAFIEREN
In Kathmandu ist in den Fotogeschäften entlang der New Road und in Thamel alles rund ums Fotografieren zu Preisen wie in Europa erhältlich.

INTERNETCAFÉS & WLAN
In Städten wie Kathmandu und Pokhara bieten Restaurants, Hotels und Cafés meist kostenloses Wlan (WiFi). Günstig telefoniert und surft man mit einer nepalesischen Prepaid-Karte von den Anbietern NTC oder Ncell. Schnelles Internet ist nur in abgelegenen Gegenden nicht verfügbar – check vor der Reise, ob dein Anbieter ein Roaming-Abkommen mit Nepal hat.

KLEIDUNG
Außerhalb der Monsunzeit brauchst du Kleidung für heiße Tage und kühle Abende. Frauen sollten allzu Modisches zu Hause lassen, Männer nicht mit nacktem Oberkörper herumlaufen. Günstige Herbergen haben gar keine Heizungen und teurere nur selten. Im Winter werden den Gästen Decken für die Übernachtung zur Verfügung gestellt.

GRÜN & FAIR REISEN
Du willst beim Reisen deine CO_2-Bilanz im Hinterkopf behalten? Dann kannst du deine Emissionen kompensieren *(atmosfair.de; myclimate.org)*, deine Route umweltgerecht planen *(routerank.com)* oder auf Natur und Kultur *(gate-tourismus.de)* achten. Mehr über ökologischen Tourismus erfährst du hier: *oete.de* (europaweit); *germanwatch.org* (weltweit).

ÖFFNUNGSZEITEN
Ruhetag ist der Samstag. Regierungsstellen, Behörden und Büros haben in der Regel von 10 bis 13 und 14 bis 17 Uhr geöffnet, von Mitte November bis Mitte März nur bis 16 Uhr und am Freitag von 10 bis 15 Uhr. Viele Museen und ähnliche Einrichtungen schließen in den Wintermonaten von Oktober/November bis Januar/Februar früher.

POST
Das Hauptpostamt *(General Post Office | nepalpost.gov.np)* liegt in der Nähe der Civil Mall. Pakete können nebenan im Foreign Post Office verschickt und empfangen werden. Das Post Office in Bhaktapur ist in Dudhpati und in Patan in der Nähe von Patan Dhoka.
Postkarten nach Deutschland und andere mitteleuropäische Länder kosten 320 Rs, Normalbriefe bis 20 g 330 Rs. Am besten gibt man seine Post im Hotel ab, das sie dann im Postamt abliefert. Für wirklich wichtige und eilige Sendungen ist es besser, private Zustelldienste wie *Fedex (Kantipath | Tel. 01 4269248 | fedex.com/np)* und *DHL (Kamaladi | Tel. 01 4223222 | dhl.com.np)* zu wählen.

PREISE & WÄHRUNG
Währungseinheit ist die Nepali Rupiyaa oder Rupie (Rs). Eine Rupie hat 100 Paisa.

SPRACHE
Nepali ist Nationalsprache, mit Englisch kannst du dich in den Städten

und Touristenzentren meist sehr gut verständlich machen.

WAS KOSTET WIE VIEL?

Bier	2,40 Euro *für eine Flasche Bier im Laden (650 ml)*
Friseur	0,50 Euro *für einen Haarschnitt mit Kopfmassage*
Schal	ab 12,50 Euro *für einen Water Shawl aus Pashmina und Seide*
CD	ab 0,50 Euro *für eine Musik-CD*
T-Shirt	ab 6 Euro *für ein besticktes T-Shirt*
Momo	ab 1,80 Euro *für eine Portion mit Huhn*

TELEFON & HANDY

Handy-Empfang ist nicht überall im Land gewährleistet. Informier dich bei deinem Anbieter über die Roamingbedingungen, eine nepalesische SIM-Karte lohnt sich aber auf jeden Fall. Mit einer Reisepasskopie und einem Passfoto kannst du eine nepalesische SIM-Card bei *Ncell* kaufen – auch schon direkt nach Ankunft am Flughafen. Eine Ncell-SIM-Karte kostet z. B. 99 Rs und die damit geführten Ortsgespräche 2 Rs/Min. Ein Anruf nach Deutschland, Österreich oder in die Schweiz kostet 4,99 RS/Min., SMS kosten immer 5 Rs (kommen aber nicht immer an). Eine Prepaid-Karte gibt es in den Werten von 50 Rs bis zu 1000 Rs zu kaufen. Etwas aufwendiger gestaltet sich der Kaufprozess einer SIM-Karte bei der *Nepal Telecom (NTC)*. Weitere Informationen bei *ncell.com.np* und *ntc.net.np*

Telefonauskunft der Telecom: *197;* Vorwahl Deutschland: *0049*; Vorwahl Österreich: *0043*; Vorwahl Schweiz: *0041;* Vorwahl nach Nepal: *00977*

TOILETTEN

In Kathmandu und der näheren Umgebung sind in gehobeneren Hotels und Restaurants meist westliche Toiletten die Regel. Unterwegs in kleineren Dörfern oder beim Trekking trifft man häufig auf das nepalische *charpi*, d.h. eine Hocktoilette. Toilettenpapier solltest du immer dabeihaben, wenn du unterwegs bist (fehlt oft auch in preisgünstigen Hotels).

TRINKGELD

Mit der „Service Charge" von 10 Prozent beinhaltet die Rechnung in den meisten Hotels, Restaurants und Reiseagenturen bereits das Trinkgeld.

ZOLL

Gründlich kontrolliert wird dein Gepäck bei der Ausreise auf Drogen und Antiquitäten. Grundsätzlich verboten ist die Ausfuhr von nepalesischen Rupien, Schusswaffen, Gold, Silber, Edelsteinen sowie Fellen und Häuten geschützter Tiere. Wer *thangkas* und andere Kunstgegenstände kauft, sollte das Limit von 430 Euro im Auge behalten.

In die EU eingeführt werden dürfen: 1 l Spirituosen über 22 Prozent, 200 Zigaretten oder 250 g Tabak, 50 g Parfum und Waren im Gesamtwert von 430 Euro *(zoll.de)*.
Schweiz: 5 l Spirituosen bis 18, 1 l Spirituosen über 18 Prozent, Waren für 300 Franken und 250 Zigaretten *(ezv.admin.ch)*.

NOTFÄLLE

DIPLOMATISCHE VERTRETUNGEN

Deutsche Botschaft
Gyaneshwar | P.O. Box 226 | Kathmandu | Tel. 01 4412786 | kathmandu.diplo.de

Honorarkonsulat Österreich
Naxal, Nagpokhari | P.O. Box 146 | Kathmandu | Tel. 01 4434891 | botschaft-konsulat.com

Konsularsektion der Schweizer Botschaft
SDC Compound | Ekantakuna, Jawalakhel, Lalitpur | Tel. 01 5549225 | edaadmin.ch/kathmandu

GESUNDHEIT

Bei direkter Einreise aus Europa sind keine Impfungen vorgeschrieben. Lass dich dennoch von Tropeninstituten oder vom Gesundheitsamt beraten, einige Tropeninstitute haben telefonische *Ansagedienste* für erste Reise-Infos *(Berlin Tel. 030 301166 | Zürich Tel. 01 2528220)*. Informationen im Netz unter: *fit-for-travel.de, crm.de, reisemed.at*.

Durchfall (engl. *diarrhoea,* sprich deiaríah) kann zwei Ursachen haben: Umstellung auf ungewohntes Essen oder Parasiten. Ersteres ist nach zwei bis drei Tagen in der Regel überstanden. Trink viel, am besten Elektrolytlösung (*Jeevan Jaal* in der Apotheke). Auch Joghurt hilft. Solltest du nach einer Woche immer noch Symptome haben, geh ins Krankenhaus: Passende Antibiotika sind in Nepal leichter erhältlich als in Europa.
Durch die hohen Temperaturunterschiede erkältet man sich leicht. Moskitos gibt es zwischen Mai und September, eine mittlere Malariagefahr besteht nur im Terai. Hier hilft Prophylaxe und konsequentes Einreiben mit einem Mückenschutzmittel abends und nachts. Ein Tuch vor dem Mund schützt in Kathmandu vor Abgasen und Dieselrußpartikeln. Achte darauf, dass das Trinkwasser abgekocht ist, verzichte auf Eiscreme und -würfel, auf ungeschältes Obst und Gemüse.

APOTHEKEN

In Apotheken gibt es alle Medikamente ohne Rezept.

CIWEC CLINIC

Bietet einzigartige reisemedizinische Infos. *Lazimpat (gegenüber British Council) | Tel. 01 4424111 | ciwec-clinic.com*

KUNPHEN TIBETAN MEDICAL CENTRE

Praxis für tibetische Medizin. *Chhetrapati | Tel. 01 4251920 | kunphen.tripod.com*

KRANKENHÄUSER

Norvic Hospital | Thapathali, Kathmandu | Tel. 01 4 25 85 54 | norvichospital.com; Patan Hospital | Patan | Tel. 01 5 52 22 95 | patanhospital.org.np; Dhulikhel Hospital | Dhulikhel | Tel. 01 1 49 04 97 | dhulikhelhospital.org | deutschsprachig (s. S. 72); Sushma Koirala Memorial Hospital | Sankhu | Tel. 01 4 45 08 26 | nepalhospital.de | deutschsprachig; Pokhara Clinic | New Road Pokhara | Tel. 06 1 52 29 84 | apc.com.np

ZAHNÄRZTE

In der CIWEC Clinic praktiziert ein amerikanischer Zahnarzt *(Tel. 01 4 44 01 00)*. Außerdem: *Healthy Smiles (Ananda Bhavan gegenüber Hotel Ambassador | Tel. 01 4 44 46 89 | healthy smiles.com.np)* mit Zweigstelle in Patan: *Smileweavers (Sanepa, Patan | Tel. 01 5 52 66 60 | smileweavers.com)*

NOTRUF

Notruf/Emergency Kathmandu
Polizei Tel. 1 00; Feuerwehr Tel. 1 01; Rotes Kreuz Tel. 01 4 22 80 94; Touristenpolizei Bhrikuti Mandap (Tel. 01 4 22 63 59) und *Thamel (Tel. 01 4 70 07 50)*

SICHERHEIT

Nepal ist grundsätzlich ein sicheres Reiseland. Dennoch sind Demonstrationen *(julus)* zu meiden, Ausgangssperren *(curfews)* strikt einzuhalten. Ein Generalstreik *(bandh)* kann das öffentliche Leben zum Erliegen bringen, Ausflüge müssen dann zwar kurzfristig geändert werden, zum Flughafen kommst du aber immer. Auch mit Blockaden/Straßensperrungen sollte jederzeit gerechnet werden. Die Hauptreisegebiete gelten zwar auch dann als sicher, der Reiseverlauf muss jedoch der Lage angepasst werden.

WETTER IN KATHMANDU

Hauptsaison
Nebensaison

	JAN.	FEB.	MÄRZ	APRIL	MAI	JUNI	JULI	AUG.	SEPT.	OKT.	NOV.	DEZ.
Tagestemperaturen	18°	20°	25°	29°	30°	29°	29°	29°	28°	27°	23°	19°
Nachttemperaturen	2°	4°	7°	11°	16°	19°	20°	20°	19°	14°	8°	3°
Sonnenschein Stunden/Tag	6	6	8	10	6	5	3	2	3	5	5	5
Niederschlag Tage/Monat	1	5	3	4	12	18	24	23	15	4	0	1

Sonnenschein Stunden/Tag
Niederschlag Tage/Monat

SPICKZETTEL NEPALI

SMALLTALK

ja/nein/vielleicht	ho/hoina/hola
Bitte.	Swagatam.
Danke.	Danyabaad.
Entschuldige!	Maaph garnus!
Wie bitte?	Pheri bhannus?
Gute(n) Morgen!/Tag!/Abend!/Nacht!	Subha pravat!/Namaste!/Subha raatri!
Hallo!/Auf Wiedersehen!	Namaste!/Pheri bhetaula!
Tschüss!	Ma lagyo
Ich heiße …	Mero naam … ho.
Wie heißen Sie?	Tapaiko naam ke ho?
Ich komme aus …	Ma …. baataa aeko.
Sprichst du Nepali?	Nepali bolnu hunchha?
Das gefällt mir (nicht).	Man parcha./Man pardaina.
Ich möchte …/Ich suche …	Malaai …/Ma … kojdhai chhu

ZEIGEBILDER

ESSEN & TRINKEN

Die Speisekarte, bitte.	**Menu dinus.**
Könnte ich bitte … haben?	**Malai … dinus?**
Messer/Gabel/Löffel	**chakku/kata/chamchaa**
Salz/Pfeffer/Zucker	**nun/marij/chini**
Essig/Öl	**sirkaa/tel**
Milch/Sahne/Zitrone	**dudh/cream/kagati**
mit/ohne Eis/Kohlensäure	**baraaf rakeraa/baraaf narakeraa/ gas bhayeko**
Vegetarier(in)/Allergie	**saakaahaari/allergy**
Ich möchte zahlen, bitte.	**Bill dinus.**
Rechnung/Quittung	**bill/rashid**
bar/Kreditkarte	**nagad/credit card**

NÜTZLICHES

Wo ist …?/Wo sind …?	**Khoi …?/Kahaa chha …?**
Wie viel Uhr ist es?	**Kati bajyo?**
heute/morgen/gestern	**ajaa/bholi/hijo**
Wie viel kostet …?	**… kati parchha?**
Wo finde ich einen Internetzugang/ WLAN?	**Internet/WIFI pasal kahaa paunchha?**
Darf ich Sie/hier fotografieren?	**Ma tapaaiko photo linu sakchu?**
offen/geschlossen	**kholeko/baandaa**
rechts/links/geradeaus	**daayaa/baayaa/sidhaa**
mehr/weniger	**dherai/thorai**
billig/teuer	**sasto/mahaango**
Fieber/Schmerzen	**joro laagchhaa/dhukhnu**
Apotheke/Drogerie	**ausaadhi pasal/drugstore**
kaputt/funktioniert nicht	**bigriyo/kaam garadaina**
verboten	**manai chhaa**
Hilfe!/Achtung!	**Maadaat!/Hoshiyar!**
0/1/2/3/4/5/6/7/8/9/10/100/1000	**sunna/eek/dui/tin/chaar/paach/ chha/saat/aath/nau/das/eek saya/ eek hajaar**

Ein h hinter d oder g wird durch ein Hauchen betont und verändert oft die Bedeutung des Wortes: Gaadi = Auto, ghaadi = Uhr. Nepalesisch hat 8 Vokale. Die meisten davon haben ein Pendant in der deutschen Sprache. Wenn aa geschrieben wird, ist die Aussprache ein klares A wie in Apfel. Wenn jedoch nur a geschrieben wird, ist es wie das mundartliche å (a) im bayrischen "obå" (aber).

URLAUBS FEELING

ZUM EINSTIMMEN & AUSKLINGEN

LESESTOFF & FILMFUTTER

GEHEIME WAHLEN
In diesem lebhaften, anschaulichen Roman von Manjushree Thapa (2001) tauchst du ein in das nepalesische Dorfleben und bist hautnah bei den politischen Ereignissen der chaotischen 1990er-Jahre dabei.

GÖTTIN AUF ZEIT
Was für ein Schicksal! Dieser Tatsachenbericht von Gerhard Haase-Hindenberg (2006) bietet einen tiefen Einblick in das Leben und die Gefühlswelt der ehemaligen Kumari Amita Shakya, der Mädchengöttin, die ihre Kindheit hinter Tempelmauern verbracht hat.

HOMEBIRD
Der Debütfilm von Andrea Leichtfried und Simon Spädtke (2016) ist ein spannendes Porträt fünf sehr unterschiedlicher Personen aus Nepal. Atemberaubende Bilder begleiten die Reise durch die Kultur des Landes (vimeo.com/201892187).

SKLAVENKIND
Das Buch, verfasst mit der Hilfe von Nathalie Schweiger (2011), erzählt die Lebensgeschichte von Urmila Chaudhary, die mit sechs Jahren von ihrer Familie aus der Not heraus als Sklavenkind verkauft wurde.

PLAYLIST WILDER MIX

0:58

URJAZZ – LIGHT RAGA
Fusion Jazz mit nepalesischen Instrumenten: der Soundtrack für lange Busfahrten.

GAHIRO – MONKEY TEMPLE
Klassischer Wohlfühlrock mit einer prägnanten Stimme.

AROGYA – TIMILAI
Poprock zum Chillen, gefällige Gitarrenriffs auf Synthi-Decke mit anspruchsvollen Texten.

UNDERSIDE – SATAN IN YOUR STEREO
Death Metal vom Unfeinsten – wenn es mal zu meditativ in Nepal wird.

STUTY MASKEY, ANIL SHAHI & GOPAL RASAILI – NEPALI BLUES
Chill-out-Blues mit Gitarre, Tabla und Djembe.

STENOPEICA – A NEPALI SHAMANIC MANTRA
Italienische Musiker und nepalesische Tempelgesänge – magisch!

Den Soundtrack zum Urlaub gibt's auf ***Spotify*** *unter* ***MARCO POLO Nepal***

Oder Code mit Spotify-App scannen

AB INS NETZ

NEPALNOW.ORG
Eine unglaublich umfangreiche und aktuelle Sammlung von Reiseberichten auf englisch.

HIMALAYA-INFO.ORG
Auf dieser privaten Website sind praktisch alle (aktuellen) Informationen versammelt, die du über den Himalaja und seine einzelnen Gipfel und Gebirgsgruppen wissen musst.

KATHMANDU MAP AND WALKS
Stadtkarte mit spannenden Spaziergängen durch Kathmandu, die auch offline funktioniert. Kostenlos, die Vollversion ist aber empfohlen, für iOS und Android (Englisch).

HAMRO PATRO
Umfangreiche App mit einem Nepali-Kalender, Radiostationen und Zeitungen (Englisch und Nepali). Die knallbunte Optik ist etwas gewöhnungsbedürftig, für iOS und Android.

WHAT ABOUT NEPAL
Youtube-Kanal einer in Nepal lebenden Amerikanerin mit vielen Filmen zu unterschiedlichen Themen.

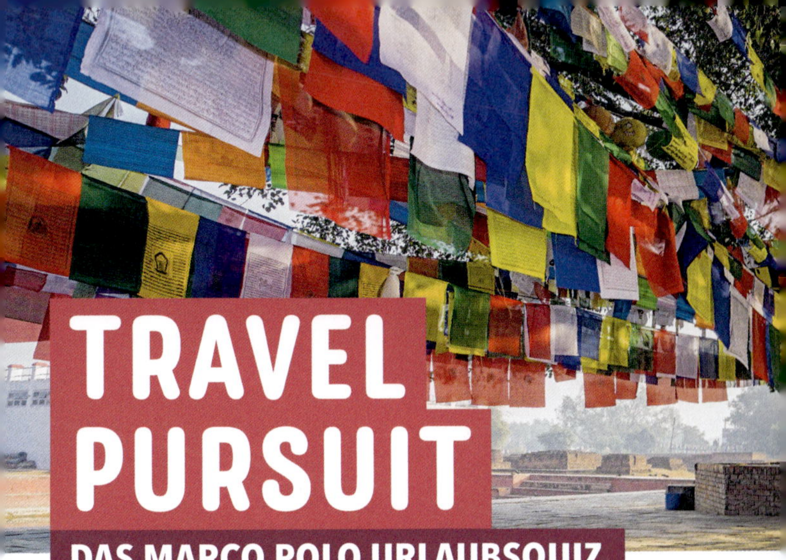

TRAVEL PURSUIT

DAS MARCO POLO URLAUBSQUIZ

Weißt du, wie Nepal tickt? Teste hier dein Wissen über die kleinen Geheimnisse und Eigenheiten von Land und Leuten. Die Lösungen findest du in der Fußzeile. Und ganz ausführlich auf den S. 20–25.

1 Auf welcher Höhe liegt Kathmandu?
a) 3300 m
b) 1400 m
c) 800 m

2 Wie heißt die zweitgrößte Stadt Nepals?
a) Lumbini
b) Janakpur
c) Pokhara

3 Welcher hinduistische Gott wird mit einem Elefantenkopf dargestellt?
a) Vishnu
b) Ganesha
c) Shiva

4 Welches ist die Nationalblume des Landes?
a) Rhododendron
b) Bambus
c) Edelweiß

5 In welchem Ort wurde der historische Buddha geboren?
a) Kathmandu
b) Bhaktapur
c) Lumbini

6 Wie heißt der zweithöchste Berg in Nepal?
a) Lhotse
b) Annapurna
c) Kangchenjunga

Lösungen: 1b, 2c, 3b, 4a, 5c, 6c, 7b, 8c, 9c, 10a, 11a, 12c

Lumbini ist für Buddhisten aus der ganzen Welt ein besonderer Pilgerort

❼ Der älteste Nationalpark in Nepal ist …
a) Bardia
b) Chitwan
c) Kosi Tappu

❽ Wie viele Menschen leben im Ballungsraum des Kathmandutals?
a) 3,5 Mio.
b) 800 000
c) 2,5 Mio.

❾ Wann wurde in Nepal die Monarchie abgeschafft und das Land zur demokratischen Republik erklärt?
a) 1990
b) 2015
c) 2008

❿ Was meint ein nepalesischer Gesprächspartner, wenn sie oder er mit dem Kopf schüttelt?
a) Ja, okay
b) Ich verstehe nicht
c) Nein, auf keinen Fall

⓫ Wie viele ethnische Gruppen gibt es in Nepal?
a) Mehr als 100
b) Zwei
c) Mehr als 250

⓬ Wie heißt der sagenumwobene Schneemensch, der im Himlaja leben soll?
a) Sherpa
b) Serow
c) Yeti

REGISTER